OFFICE NATIONAL DU TOURISME

MINISTÈRE DES TRAVAUX PUBLICS

LES STATIONS DE TOURISME ET LA TAXE DE SÉJOUR

LES STATIONS DE TOURISME

ET

LA TAXE DE SÉJOUR

PRIX : 6 francs.

MINISTÈRE DES TRAVAUX PUBLICS

OFFICE NATIONAL DU TOURISME

GUIDE DES STATIONS DE TOURISME ET DE LA TAXE DE SÉJOUR

PARIS

IMPRIMERIE NATIONALE

MDCCCCXXVII

Pour renseignements, s'adresser à l'Office National du Tourisme rue de Surène, 17. Paris (8e)

COMMENT SE SERVIR DU GUIDE

MUNICIPALITÉS,

1° *Pour savoir tous les avantages que vous tirerez de la reconnaissance de votre commune en station de tourisme, et de la perception de la taxe de séjour,*

Lisez avec attention le titre premier, page 11, et examinez le tableau du rendement de la taxe de séjour dans les stations qui la perçoivent déjà (*annexe encartée*);

2° *Pour acquérir ces avantages, présentez avec soin une demande de classement,*

Avant de rédiger votre délibération, base de toute la procédure, étudiez le titre II, chapitre premier, page 21 (*intercalaire vert*).

MUNICIPALITÉS ET CHAMBRES D'INDUSTRIE TOURISTIQUE

qui voulez en plein accord :

1° *Être autorisées à percevoir la taxe de séjour,*

Consultez le titre II, chapitre II, page 51 (*intercalaire rouge*);

2° *Gager un emprunt sur la taxe de séjour,*

Prenez le titre II, chapitre III, page 63 (*intercalaire bleu*);

3° *Modifier le régime de la taxe de séjour en vigueur,*

Voyez le titre II, chapitre IV, page 69 (*intercalaire jaune*);

4° *Connaître les attributions et assurer le bon fonctionnement de la chambre d'industrie touristique,*

Regardez le titre III, chapitre premier, page 75;

5° *Organiser la perception de la taxe,*

Suivez le titre III, chapitre II, page 78.

Tous les textes officiels sont groupés au titre IV, page 97.

Table des matières à la fin du volume.

LES STATIONS DE TOURISME

ET

LA TAXE DE SÉJOUR.

INTRODUCTION.

L'Office National du Tourisme a édité en 1920 un premier *Guide pour l'application de la loi du 24 septembre 1919 aux stations de tourisme.*

Ce document se trouvant aujourd'hui périmé, par suite des modifications apportées aux textes réglementaires et de l'évolution de la jurisprudence du Conseil d'État, il a paru nécessaire au conseil d'administration de l'O. N. T. de refondre en un nouveau volume les plus récentes indications dont la connaissance s'impose à tous ceux qui ont à traiter les questions «stations de tourisme» et «taxe de séjour.»

Afin de le rendre aussi clair et facile à consulter que possible, cet ouvrage a été divisé en quatre parties distinctes :

Un premier titre contient, à côté de définitions préliminaires, une revue générale des obligations imposées aux stations de tourisme et des avantages que leur confère cette qualification, destinée aux villes qui n'ont pas encore demandé leur classement, bien souvent faute d'avoir été exactement documentées ;

Un second titre, La Procédure, formant le Guide proprement dit, comporte quatre chapitres correspondant à chacune des quatre procédures usuelles (classement, taxe, emprunt, modifications au régime établi). Chaque chapitre débute par un tableau (imprimé en caractères plus forts), avec références aux pages suivantes contenant les modèles de pièces et les observations ou prescriptions dont il faut tenir compte pour les remplir ;

Le troisième titre traite les principales questions soulevées par le fonctionnement de la station, chambre d'industrie, perception de la taxe, comptes à tenir, et se termine par un chapitre consacré à la taxe additionnelle et à l'Office National du Tourisme;

Enfin, le titre IV, composé en caractères typographiques de faibles dimensions, reproduit les textes officiels auxquels, dans tout le cours du volume, il a été renvoyé aussi fréquemment que possible : loi de 1919, décret de 1920 avec ses dernières modifications, principales circulaires ministérielles.

Au surplus, et de même qu'en 1920, cette deuxième édition est présentée non comme un règlement, mais comme un ensemble de renseignements et de conseils auxquels pourront se reporter MM. les conseillers municipaux, maires, sous-préfets, préfets et leurs collaborateurs, les chambres d'industrie touristique, les syndicats d'initiative, les associations de tourisme, tous ceux en un mot qui parfois risquent de s'égarer parmi des formalités minutieuses et complexes, malgré la bonne volonté dont ils sont toujours animés.

L'Office National du Tourisme, en offrant ce volume aux cités candidates au titre de *Station de tourisme*[1], tient à leur rappeler ici qu'il a pour mission de leur donner son aide, et qu'il est toujours prêt à **envoyer sur place un délégué** qui se met à la disposition de la municipalité pour la préparation d'un dossier susceptible de donner satisfaction au Conseil d'État.

[1] Le présent Guide s'applique aux Stations de tourisme, qui seules relèvent, pour l'instruction de leurs dossiers, de la compétence de l'Office National du Tourisme.

La procédure de reconnaissance des stations hydrominérales et climatiques, qui diffère d'ailleurs fort peu de celle des stations de tourisme, est suivie parallèlement par la Commission permanente des stations hydrominérales et climatiques de France (Ministère de l'hygiène, Direction de l'assistance et de l'hygiène publiques, 5e bureau, rue Cambacérès, 7, Paris), à qui doivent s'adresser les communes qui possèdent sur leur territoire des sources d'eau minérale, ou qui offrent aux malades leurs avantages climatiques (loi, art. 8, *infra*, p. 100).

Il espère ainsi éviter des recherches difficiles, des interprétations inexactes et des erreurs de procédure involontaires qui trop souvent, l'expérience l'a démontré, retardent d'une façon considérable l'application de la loi de 1919, si nécessaire cependant à la prospérité individuelle des stations et au développement toujours infiniment souhaitable du tourisme français.

TITRE PREMIER.

NOTIONS GÉNÉRALES SUR LES STATIONS DE TOURISME.

CHAPITRE PREMIER.

DÉFINITIONS PRÉLIMINAIRES.

Nous ne reviendrons pas ici sur le degré d'intérêt que présente le développement toujours plus intense du tourisme en France, ni sur les avantages économiques et sociaux, nationaux et locaux qui en ont été déjà recueillis et qu'il faut surtout en attendre encore.

La propagande menée depuis un certain nombre d'années en sa faveur a pénétré aujourd'hui dans tout le pays, et nulle part on n'ignore qu'il y a tout profit à s'organiser pour augmenter ou au besoin pour provoquer le mouvement touristique.

Mais si de telles notions ont reçu une large diffusion, qui a permis l'éclosion d'un très grand nombre de syndicats d'initiative, la connaissance précise des dispositions réglementaires édictées par les pouvoirs publics pour développer le tourisme par la voie administrative est moins répandue. On sait bien qu'il existe des stations de tourisme, et qu'une taxe de séjour y est perçue. Mais beaucoup ignorent que leur propre cité est susceptible d'être érigée en station de tourisme, et qu'il dépend d'eux-mêmes qu'elle obtienne le bénéfice de cette érection, ainsi que les avantages moraux et financiers qui y sont attachés.

Avant de dresser les tableaux de la marche à suivre en pareil cas, il peut donc être utile de donner ici quelques définitions très sommaires, extraites de la loi, et qui ne sauraient d'ailleurs suppléer à la lecture de ce dernier document (*infra*, p. 97).

Qu'est-ce qu'une station de tourisme ?

La loi, article 10, répond : «Les communes, fractions de communes, ou groupes de communes qui offrent aux visiteurs un ensemble de curiosités naturelles ou artistiques, peuvent être érigées en stations de tourisme et admis au bénéfice de la présente loi.

«Cette création a pour objet de *faciliter la visite de la station* et de *favoriser sa fréquentation et son développement* par des travaux d'entretien des monuments et des sites, d'assainissement, d'embellissement ou d'amélioration des conditions d'accès, d'habitation, de séjour ou de circulation...»

Qu'est-ce que la taxe de séjour ?

Article 11 de la loi : «Dans les stations de tourisme, les communes pourront percevoir, pendant tout ou partie de l'année, une taxe spéciale dont le produit devra être affecté intégralement aux travaux visés à l'article précédent...»

Article 12 : «La taxe qui est perçue en vertu de l'article 11 est établie sur les personnes non domiciliées dans la commune et n'y possédant pas une résidence à raison de laquelle elles sont passibles de la contribution mobilière...» (*infra*, p. 102).

Qu'est-ce qu'une chambre d'industrie touristique ?

«Dans chaque station de tourisme, il sera institué, par décret en Conseil d'État, un établissement public sous le nom de *Chambre d'industrie touristique*...» (art. 15, *infra*, p. 103).

Cette chambre, précise la loi, se compose par moitié de représentants élus des professions intéressées au développement de la station, et pour la seconde moitié, des représentants officiels des collectivités locales (préfet, maire, délégués des associations de tourisme, etc...).

La chambre d'industrie, fait essentiel, donne obligatoirement son avis sur les modalités de perception et sur l'affectation du produit de la taxe de séjour, ainsi que sur les projets de travaux couverts par ce produit.

Notons surtout que le conseil municipal peut concéder à la chambre les travaux en question, combinaison particulièrement avantageuse par sa souplesse, et sur laquelle nous reviendrons le moment venu (*infra*, p. 56 et 58).

CHAPITRE II.

OBLIGATIONS IMPOSÉES ET AVANTAGES CONFÉRÉS PAR L'ÉRECTION D'UNE COMMUNE EN STATION DE TOURISME.

À QUOI S'ENGAGE UNE COMMUNE LORSQU'ELLE DEMANDE SA RECONNAISSANCE EN STATION DE TOURISME?

«La qualité de station de tourisme accordée à une commune établit en sa faveur un véritable panonceau, une consécration officielle de l'intérêt touristique qu'elle présente, une garantie offerte aux touristes qui doivent y trouver un hébergement convenable et des conditions hygiéniques satisfaisantes.»

Le Conseil d'État appuie sa jurisprudence à l'heure actuelle sur ce principe, qui se justifie par le souci de conserver toute sa valeur au titre de station de tourisme, et d'éviter le discrédit que pourrait lui porter une trop grande tolérance.

Sans aller jusqu'à refuser le bénéfice du classement aux communes qui ne remplissent pas au moment de leur demande toutes les conditions requises, il a donc décidé de n'accorder ou de ne conserver le titre de station de tourisme qu'à celles qui seront, grâce à la taxe, à même de réaliser ces conditions dans un délai assez court.

Pour cette raison, la perception de la taxe de séjour n'est généralement accordée au début que pour une durée de deux ans, qui doit être considérée comme une période d'essai destinée à permettre à la commune de prouver qu'elle peut satisfaire au vœu de la loi.

A. Posséder un intérêt touristique.

Il n'y a pas lieu d'insister sur la nécessité pour toute station de tourisme de posséder un intérêt touristique. C'est là une situation de fait qui existe ou qui n'existe pas, et sur laquelle des difficultés ne sont que rarement soulevées.

Rappelons seulement ici qu'une fraction du produit de la taxe de séjour peut et doit être affectée à des travaux d'aménagement et d'embellissement des sites, des monuments et des curiosités constituant l'attrait de la station.

B. Posséder des ressources en logements suffisantes en nombre, en confort et en hygiène.

La question des ressources en logements offertes aux touristes est importante. Il faut, d'une part, que la station dispose d'un nombre de chambres d'hôtels, de villas ou de maisons meublées suffisant pour alimenter un mouvement touristique convenable, et pour permettre d'escompter un rendement appréciable de la taxe de séjour. A cet égard, le chiffre de 50 chambres peut être considéré comme un minimum.

D'autre part, ces chambres doivent être dotées au moins d'un confort moyen et, autant que possible, établies sur le modèle «Touring Club», les hôtels et maisons privées répondant par ailleurs aux exigences d'hygiène et de bonne tenue habituelles.

Comme nous l'indiquerons ci-après, les ressources en logements sont contrôlées pendant le cours de la procédure par l'administration et par l'Office National du Tourisme.

C. Posséder ou compléter les installations d'hygiène publique indispensables.

Il n'est pas formellement exigé qu'au moment où une demande de classement est formulée, la commune soit déjà entièrement pourvue de services d'hygiène publique irréprochables : adduction d'eau potable, évacuation des eaux et des matières usées, nettoyage de la voirie, enlèvement des ordures, etc.

Mais, lorsque la situation locale présente à cet égard des lacunes, le classement en station de tourisme ne sera obtenu que si le conseil municipal a adopté un programme d'ensemble des travaux d'hygiène nécessaires, établi par des personnalités compétentes, avec plan, évaluation approximative de la dépense, et que s'il s'est engagé à exécuter ce programme en totalité ou par tranches, soit au moyen des seules ressources du budget communal, soit au moyen de la taxe de séjour, soit au moyen de subventions ou d'un emprunt gagés sur cette taxe.

En principe, il a été admis, d'accord entre le Conseil d'État, le Conseil supérieur d'hygiène publique de France et le Conseil d'administration de l'Office National du Tourisme, que 75 p. 100 du produit de la taxe de séjour pourraient être, si nécessaire, affectés aux travaux d'assainissement, tout au moins tant que la station n'aura pas satisfait aux conditions imposées par le Conseil supérieur d'hygiène publique de France (*infra*, p. 55: affectation du produit de la taxe).

D. Assurer le fonctionnement de la chambre d'industrie touristique.

L'institution et le fonctionnement de cette chambre étant obligatoires dans les stations de tourisme, le conseil municipal doit enfin s'engager à lui verser annuellement une subvention au minimum égale au chiffre de ses frais de fonctionnement.

Comme nous l'indiquons par ailleurs, ce minimum sera en général largement dépassé, puisqu'il y a tout intérêt pour la municipalité à concéder à la chambre d'industrie les travaux d'assainissement et surtout d'embellissement, et à lui confier en conséquence la gestion de toute la fraction du produit de la taxe affectée à ces travaux (*infra*, p. 56 et 58).

E. Retrait du classement.

Pour en terminer avec l'examen du passif de l'affaire, notons ici que le décret, dans son article 48 (*infra*, p. 122), a prévu l'annulation de la reconnaissance d'une station de tourisme, lorsque le conseil municipal, après une mise en demeure, aura refusé ou négligé d'effectuer les travaux jugés indispensables par le ministre des travaux publics.

QUELS AVANTAGES UNE COMMUNE PEUT-ELLE ESPÉRER RETIRER DE SON ÉRECTION EN STATION DE TOURISME?

Passons maintenant à l'étude de l'actif.

A. Propagande.

Nous l'avons dit, le titre de station de tourisme accordé à une commune constitue en sa faveur un véritable panonceau, une consécration officielle de l'intérêt touristique qu'elle présente, une garantie offerte aux touristes.

C'est donc pour elle une publicité gratuite universellement faite en sa faveur, et c'est d'autant plus qu'elle profite de la propagande effectuée dans le monde entier par l'Office National du Tourisme, en vue d'attirer des touristes en France. (Voir p. 94 : attributions et fonctionnement de l'Office National du Tourisme.)

B. Ressources extraordinaires de la taxe de séjour.

Une fois l'érection prononcée, la loi permet, on le sait, d'accorder à la station l'autorisation de percevoir la taxe de séjour.

Bien que cette taxe doive être affectée obligatoirement à des dépenses bien déterminées, afin de respecter le principe absolu selon lequel l'impôt prélevé sur les touristes ne peut être utilisé qu'au profit des touristes, il n'en reste pas moins que la plupart de ces dépenses, et notamment celles des travaux d'hygiène, tomberaient un jour ou l'autre à la charge du budget communal, si la taxe de séjour ne permettait pas d'en exonérer au moins partiellement les contribuables ordinaires.

Il est bien évident que des travaux exécutés au profit des touristes profitent également, et même dans une mesure très appréciable, aux habitants.

A une époque où l'accroissement des ressources fiscales devient de plus en plus difficile, cette seule considération suffira en bien des cas à décider la plupart des municipalités hésitant encore à prendre parti.

D'ailleurs, il faut dire ici bien haut que les hésitations parfois constatées ne se justifient pas.

A la veille de demander leur reconnaissance en station de tourisme, des communes sont arrêtées par le souci de la préparation d'un dossier complexe, ou par la crainte de ne pas remplir toutes les conditions voulues, ou par cette idée absolument erronée que la taxe de séjour éloignera les touristes, ou encore parce qu'elles redoutent l'opposition des hôteliers et logeurs chargés de la perception de cette taxe.

La *préparation du dossier*, pour complexe qu'elle puisse être, se trouvera facilitée par l'utilisation du présent ouvrage conjuguée avec le recours aux services de l'Office National du Tourisme, rue de Surène, 17, à Paris (VIIIe). Ce dernier, qui a pour mission de donner son aide aux communes demandant leur classement en station de tourisme, est toujours prêt à envoyer sur place un délégué qui se met à la disposition de la municipalité pour la préparation complète d'un dossier susceptible de donner satisfaction au Conseil d'État.

La *crainte de ne pas remplir toutes les conditions voulues* est assez fréquente. On l'a vu (*supra*, p. 14), si par ailleurs son intérêt touristique et ses ressources en logements sont suffisants, il n'est pas indispensable que la commune soit, au moment de la demande de classement, déjà pourvue entièrement de services d'hygiène publique irréprochables. Les témoignages de sa volonté de les réaliser, et les engagements d'exécuter les travaux nécessaires fournis à ce moment, sont considérés comme satisfaisants.

L'idée erronée, mais répandue, que la taxe de séjour éloigne les touristes est démentie par les constatations journellement faites et par les statistiques. Il ne faut pas assimiler les taxes vexatoires, sinon illégales, instituées par les «villes mendiantes» (taxes de passage, de stationnement, droits d'octroi sur l'essence, etc.), taxes contre lesquelles les organisations touristiques mènent la campagne la plus justifiée, à la taxe de séjour qui, limitée par la loi dans son taux et dans sa destination, profite au touriste, et n'est d'ailleurs perçue que sur celui qui a passé une nuit dans la station, pourcentage bien modique de ses frais de voyage.

Les statistiques prouvent au surplus que, loin de diminuer progressivement, comme ce serait le cas si les touristes évitaient les stations où elle est perçue, le rendement de la taxe de séjour ne cesse de croître d'une année sur l'autre dans ces communes. (Voir en annexe le tableau du rendement de la taxe de séjour dans les stations de tourisme, hydrominérales et climatiques.)

Enfin *l'opposition des hôteliers* à une mesure d'intérêt à la fois général et local est difficile à admettre : l'amélioration de la situation touristique d'une station, que la taxe de séjour permet d'obtenir rapidement, fait à cette station la plus fructueuse et la plus sincère des publicités, dont les professions intéressées au développement du tourisme sont les premières à bénéficier. Il serait étrange qu'une telle perspective ne primât point à leurs yeux le léger effort qui leur est demandé pour la perception de la taxe, effort que chacun d'ailleurs s'ingénie à leur faciliter (*infra*, p. 80).

C. Faculté de gager un emprunt sur le produit de la taxe de séjour.

Cette combinaison, extrêmement avantageuse en elle-même, est très vivement recommandée par le Conseil d'État, qui est particulièrement favorable aux demandes d'érection en station de tourisme et d'autorisation de percevoir la taxe de séjour accompagnées d'une décision de contracter un emprunt ainsi gagé.

En pareil cas, la taxe est autorisée pour une durée au moins égale à celle de l'amortissement prévu, et un décret unique autorise à la fois la perception de la taxe et l'emprunt, en même temps qu'il déclare les travaux d'utilité publique.

Le Conseil d'État estime que, seule, cette méthode permet de réaliser un ensemble de mesures efficaces, notamment pour l'assainissement de la station, tandis que l'exécution partielle des travaux, à concurrence des seuls produits annuels de la taxe, entraîne, quelles que soient les bonnes volontés locales, la dispersion des efforts et, partant, de mauvais résultats (*infra*, p. 139, circulaire interministérielle du 16 novembre 1923).

Autre avantage, l'emprunt permet l'exécution totale d'un programme de travaux, dès la première année de la perception de la taxe.

Il est alors possible de répondre aux touristes protestataires, toujours rares d'ailleurs, que les sommes bien modiques à eux réclamées, ont déjà été employées à telle amélioration ou à tel embellissement dont ils sont sans doute heureux de jouir pendant leur séjour dans la station.

CLASSEMENT

TITRE II.

LA PROCÉDURE.

CHAPITRE PREMIER.

ÉRECTION EN STATION DE TOURISME ET INSTITUTION D'UNE CHAMBRE D'INDUSTRIE TOURISTIQUE.

TABLEAU DE LA PROCÉDURE À SUIVRE EN VUE DE L'ÉRECTION D'UNE COMMUNE EN STATION DE TOURISME ET DE L'INSTITUTION D'UNE CHAMBRE D'INDUSTRIE TOURISTIQUE.

A. *Dossier à constituer par la municipalité.*

(29)[1]. Délibération du conseil municipal *demandant :*

L'érection de la commune en station de tourisme ;

La création d'une chambre d'industrie touristique dont il s'engage à assurer le fonctionnement ;

(*L'autorisation de percevoir la taxe de séjour : voir* infra, *p. 51*) ;

[1] Les chiffres à l'encre grasse (29) renvoient à la page contenant le modèle de pièce et les observations.

(*Et l'autorisation de contracter un emprunt gagé sur la taxe de séjour*[1]);

Arrêtant un programme de travaux d'hygiène et d'embellissement bien déterminés, avec évaluation approximative des dépenses;

Et portant engagement ferme d'exécuter ces travaux,
soit au moyen des seules ressources du budget communal;
soit au moyen de la taxe de séjour;
soit au moyen de subventions ou d'un emprunt gagés sur cette taxe;

Avec plan des travaux en annexe.

Établir 4 exemplaires de cette délibération :

1 à envoyer d'urgence, aussitôt la délibération prise, à l'Office National du Tourisme, rue de Surène, 17, Paris (*VIII*e);

3 à transmettre par la voie régulière à la préfecture.

(38). Réponse *au* Questionnaire concernant l'hygiène publique *de la circulaire ministérielle du 20 juin 1922, 3 exemplaires.*

Transmission du dossier, *ainsi constitué en triple exemplaire, à la préfecture.*

B. *Dossier à constituer par la préfecture.*

(48). Enquête, *3 exemplaires.*

Avis du Conseil départemental d'hygiène (*délai : 15 jours*), *3 exemplaires.*

(1) L'autorisation de contracter un emprunt gagé sur la taxe de séjour peut être demandée dès le début de la procédure de classement. Le Conseil d'État et l'Office National du Tourisme préconisent particulièrement cette méthode. (Voir *supra*, p. 12, et *infra*, p. 57 et 63.

Avis de la Commission départementale des sites et monuments naturels (*délai : 15 jours*), *3 exemplaires.*

Avis du Conseil général (*dans sa première session*) *ou de la* Commission départementale (*délai : 1 mois*), *3 exemplaires.*

Transmission de l'ensemble des dossiers *constitués par la municipalité et par la préfecture, à l'Office National du Tourisme.*

C. *Dossier à constituer par l'Office National du Tourisme.*

Avis du Conseil supérieur d'hygiène publique de France ;
Avis de la Commission des monuments historiques ;
Avis du Conseil d'administration de l'Office national du Tourisme ;

Transmission de l'ensemble du dossier et d'un projet de décret *au ministère des travaux publics qui les soumet au Conseil d'État.*

Après la promulgation (délai : 3 mois) du décret **(48)** *l'Office National du Tourisme en envoie ampliation à la préfecture, qui informe la municipalité et qui entreprend immédiatement la procédure de constitution de la chambre d'industrie touristique créée par ledit décret.*

D. *Procédure à suivre en vue de constituer la chambre d'industrie touristique.*

Désignation par le conseil municipal d'un délégué et par le préfet [1] *d'un autre délégué qui formeront, avec le maire pour président, la com-*

[1] Lorsqu'il s'agit, dans les années suivantes, de reviser la liste électorale, c'est la chambre d'industrie touristique elle-même, et non le préfet, qui désigne le troisième membre de cette commission.

mission chargée de dresser la liste des électeurs, établie par catégorie de professions (art. 26, 27 et 53 du décret, infra, *p. 115);*

Dépôt de la liste électorale au secrétariat de la mairie (durée: 8 jours), et publication de ce dépôt (art. 28, 29 et 53 du décret, infra, *p. 115);*

Convocation de l'assemblée des électeurs et scrutin (art. 30, 31, 32, 33 et 53 du décret, infra, *p. 116);*

Affichage du résultat des élections à la porte de la mairie (art. 32 et 53 du décret, infra,*p. 116);*

Désignation par le préfet de trois membres de droit de la Chambre, dont deux au moins appartenant aux associations de tourisme de la région (loi, art. 15, infra, *p. 103);*

Désignation par le conseil municipal de deux délégués membres de droit de la chambre[1] *(loi, art. 15);*

Convocation des membres (élus et de droit) de la chambre par le préfet, adressée par écrit et affichée à la mairie (décret, art. 35 et 53, infra, *p. 117);*

Élection du bureau de la chambre, le préfet étant de droit président, et le receveur municipal de droit comptable (décret, art. 35 et 53).

Les questions relatives au fonctionnement même de la chambre d'industrie touristique sont traitées au titre III, chapitre I, page 75.

[1] Lorsque la station comprend un groupe de communes, la composition de la chambre d'industrie est modifiée. (Voir p. 76.)

OBSERVATIONS GÉNÉRALES.

Les textes prévoient une triple procédure :

1° En vue d'obtenir l'érection en station de tourisme;

2° En vue d'obtenir la création de la chambre d'industrie touristique;

3° En vue d'obtenir l'autorisation de percevoir la taxe.

Les deux premières peuvent et doivent être suivies simultanément, puisque l'institution d'une chambre d'industrie touristique est obligatoire dans toute station de tourisme.

La troisième, au contraire, doit être séparée, au moins dans la dernière partie : la loi exige, en effet (art. 12), que la chambre d'industrie soit consultée avant la promulgation du décret autorisant la perception de la taxe. Il faut donc que cette chambre soit auparavant constituée, et que le décret la créant ait été rendu.

Mais il ne s'ensuit pas que, pour cette unique formalité supplémentaire, si importante qu'elle soit, la troisième procédure doive être entièrement recommencée, ce qui entraînerait des retards considérables et gratuits.

Le conseil municipal décidé à demander la taxe de séjour devra donc formuler cette demande dans la même délibération que sa demande de classement en station de tourisme, et d'institution de la chambre d'industrie.

De la sorte, l'enquête et les avis des assemblées exigés par la loi porteront à la fois sur les trois demandes et, dès que l'avis de la chambre d'industrie aura été ultérieurement rendu, le dossier immédiatement complété permettra la promulgation rapide du décret instituant la taxe.

Qui peut faire la demande ?

La loi dit : « Les communes, fractions de communes ou groupes de communes... »

Les communes ayant des intérêts touristiques identiques peuvent se constituer à cet effet en syndicats, conformément aux articles 169 et suivants de la loi du 5 avril 1884, ou en conférences intercommunales en vertu de l'article 117 de la même loi. (Voir art. 87 et suivants du décret, *infra*, p. 134.)

D'un autre point de vue, la demande d'érection d'une commune en station de tourisme peut émaner (loi, art. 10) soit de la commune elle-même, soit du préfet, soit des associations de tourisme de la région, soit encore de l'Office National du Tourisme.

Mais l'inscription ne pouvant être ordonnée que si l'avis du conseil municipal est favorable, il en résulte pratiquement que, pour user de leur droit, ces organismes ne peuvent que provoquer une demande du conseil municipal dans la forme habituelle.

DÉLIBÉRATION DU CONSEIL MUNICIPAL.

Le conseil municipal n'a donc à prendre qu'une seule délibération dans tout le cours des trois procédures.

Mais cette délibération est la pièce essentielle du dossier, puisqu'elle sert de base aux enquête et avis postérieurs et c'est en se fondant sur les propositions qu'elle contient que sont rendues les décisions des autorités supérieures.

Elle doit par suite être claire, précise et surtout complète, afin d'éviter plus tard des retards de procédure provoqués par des demandes complémentaires de renseignements.

Le modèle de délibération autrefois proposé par l'Office National du Tourisme aux conseils municipaux à titre d'indication et d'exemple, a été modifié de façon à comprendre les questions visées par la plus récente jurisprudence du Conseil d'État.

Il est entendu que ce modèle n'est pas immuable et qu'il pourra au contraire être modifié suivant les circonstances, mais l'O. N. T. ne saurait trop recommander aux municipalités de s'en inspirer, même au cas où il ne leur semblerait pas possible d'adopter intégralement le cadre proposé.

Tous les renseignements que ce cadre invite à fournir doivent en effet nécessairement être donnés à un moment quelconque de la procédure. A le remplir avec soin, les municipalités, en facilitant le travail des assemblées appelées à donner leur avis, ainsi que celui des autorités supérieures amenées à statuer, gagneront beaucoup de temps et obtiendront plus rapidement les autorisations demandées.

Modèle de délibération.

Indications à suivre pour remplir le modèle de délibération.

Art. 1er. Les indications à fournir dans les cases 1 et 2 du tableau I doivent être sommaires.

Modèle de délibération.

DÉPARTEMENT
d

—

COMMUNE
d

Objet
de la délibération :

Classement comme station de tourisme.

Création d'une chambre d'industrie touristique.

Autorisation de percevoir la taxe de séjour.

RÉPUBLIQUE FRANÇAISE.

—

EXTRAIT DU REGISTRE DES DÉLIBÉRATIONS DU CONSEIL MUNICIPAL D

Séance du 192 .

—

L'an 192 , le à heures, le conseil municipal de la commune, régulièrement convoqué, s'est réuni au nombre fixé par la loi, au lieu habituel de ses séances, sous la présidence de M.

Étaient présents . MM.

M. remplit les fonctions de secrétaire.

M. donne connaissance au conseil de la loi du 24 septembre 1919 et du décret réglementaire du 4 mai 1920 qui créent les stations de tourisme et les autorisent à percevoir une taxe de séjour.

Le conseil, après avoir délibéré, prend les décisions suivantes :

ART. 1er. — CRÉATION DE LA STATION.

Invoquant les motifs énumérés au tableau I ci-dessous, le conseil municipal demande le classement de la commune d comme station de tourisme.

TABLEAU I.

1. Curiosités artistiques.	

Pour les moyens de communication (3), indiquer clairement, mais brièvement, comment est desservie la station : chemins de fer, services réguliers divers, routes principales, etc.

Produire des renseignements détaillés sur les ressources en logements offertes aux touristes, et préciser soigneusement leur degré de confort comparatif (eau, w. c., salles de bains, chauffage, éclairage, garages, etc.).

Ces renseignements seront ultérieurement contrôlés par l'administration et l'Office National de Tourisme (décision du Conseil d'État).

Pour mémoire. Toutes les indications relatives à l'hygiène de la commune doivent être fournies sous forme de réponse au «Questionnaire concernant l'hygiène publique», réponse à annexer à la délibération ci-contre.

TABLEAU I (*suite*).

		NOMBRE D'HÔTELS et de pensions de famille dans chaque catégorie.	NOMBRE global DE CHAMBRES existant dans les hôtels d'une même catégorie.	NOMBRE DE VILLAS et de maisons meublées dans chaque catégorie.	NOMBRE global DE CHAMBRES existant dans les villas d'une même catégorie.
2. Curiosités naturelles.					
3. Moyens de communication.					
4. Ressources en logements.	Hôtels et villas :				
	de luxe.....				
	de 1er ordre.				
	de 2e ordre..				
	de 3e ordre..				
	de 4e ordre..				
	Auberges.....				
	Observations sur le confort comparatif.				
5. Hygiène publique [1].					

[1] Conformément aux prescriptions de la circulaire de M. le ministre des travaux publics en date du 20 juin 1922, la présente délibération doit être obligatoirement complétée par les renseignements énumérés au «Questionnaire concernant l'hygiène publique» annexé à ladite circulaire.

La première partie de ce questionnaire doit être remplie par la municipalité, la deuxième partie par le rapporteur de l'affaire devant le conseil départemental d'hygiène publique.

Aucune demande de classement en station de tourisme ou d'autorisation de percevoir la taxe de séjour ne pourra être instruite par l'Office National de Tourisme si des réponses très complètes à ce questionnaire ne figurent pas dans le dossier, de préférence en annexe à la délibération du conseil municipal présentant cette demande.

Art. 2. Cet article sera supprimé pour toutes les communes qui ne sont pas dans ce cas.

Art. 3. Remplir attentivement le tableau de cet article qui servira de base aux dispositions du décret constitutif.

Les professions 1, 2, 3, 4 et 5 doivent être obligatoirement représentées à la chambre d'industrie (décret, art. 52).

Il faut indiquer combien chacune d'elles y aura de représentants.

S'il reste des places disponibles, indiquer aux numéros 6 à 10 quelles autres professions y enverront leurs représentants.

Art. 4. Fixer suivant l'époque de la saison de tourisme les dates visées à cet article, de façon que les formalités puissent être remplies pendant sa durée.

Art. 2. — Station s'étendant à plusieurs communes.

Conformément aux termes de la loi, article 10, le conseil municipal de demande que la station qui comprend les communes de et de ait son siège à

Art. 3. — Composition de la chambre d'industrie touristique.

Conformément aux termes de la loi, art. 15, et du décret, art. 52, le conseil demande que les dix membres élus de la chambre d'industrie touristique soient choisis parmi les personnes exerçant les professions suivantes :

Tableau II.

1. Hôteliers, logeurs et restaurateurs........	représentant
2. Directeurs d'agences de tourisme..........	—
3. Entrepreneurs de transports de voyageurs...	—
4. Commerçants en articles de sport et de tourisme..........................	—
5. Membres d'une association constituée en vue du développement de la station.........	—
6. ...	—
7. ...	—
8. ...	—
9. ...	—
10. ...	—

Art. 4. — Listes électorales de la chambre d'industrie touristique.

Conformément aux termes de la loi, art. 15, et du décret, art. 27 et 53, le conseil demande que les conditions prescrites pour l'inscription sur les listes électorales de la chambre d'industrie touristique soient remplies le et que la date de revision de ces listes soit fixée au de chaque année.

Art. 5. L'autorisation de percevoir la taxe ne peut, même en cas de renouvellement, être donnée pour une période supérieure à cinq ans, sauf lorsque son produit sert à gager un emprunt; dans ce cas, elle est autorisée pendant toute la durée prévue pour l'amortissement (art. 5 du décret, *infra*, p. 110).

En fait, la première autorisation n'est accordée d'une façon générale que pour deux ans, à titre d'essai.

Art. 6. Il est recommandé aux municipalités de prévoir d'emblée l'ensemble des catégories indiquées ci-contre.

Une fois le décret constitutif rendu, il suffira en effet d'un arrêté du maire pour répartir entre ces diverses catégories les hôtels, villas et maisons meublées de la station, et pour modifier par la suite, selon les circonstances, cette répartition.

Cet arrêté pourra, s'il y a lieu, laisser inutilisées une ou plusieurs de ces catégories, jusqu'au moment où il conviendrait d'y affecter les établissements qui en deviendraient susceptibles.

Pour la fixation des tarifs, qui ne doivent jamais comprendre la taxe additionnelle (décision du Conseil d'État), et pour les exemptions et atténuations à accorder, voir *infra*, p. 52, les recommandations du Conseil d'administration de l'Office National du Tourisme.

Art. 5. — Taxe de séjour.

Pour les motifs énumérés au tableau III ci-dessous, le conseil demande que la station de soit autorisée à percevoir une taxe de séjour.

Cette taxe sera perçue chaque année dans la station du au pendant une durée de années à compter du décret autorisant la perception.

Tableau III.

1. Dates où commence et finit la saison de tourisme.......	
2. Nombre approximatif des personnes séjournant annuellement dans la station..........................	
3. Rendement annuel approximatif de la taxe............	

Art. 6. — Tarifs de la taxe.

Le conseil demande que les tarifs indiqués au tableau IV ci-dessous soient appliqués pour une durée de années, à dater du décret autorisant la perception de la taxe dans la station.

Tableau IV.

TARIFS APPLICABLES PAR PERSONNE ET PAR JOUR DE SÉJOUR.		
		francs.
Hors classe..	Hôtels et villas de grand luxe	
1re catégorie.	Hôtels, villas et maisons meublées de 1er ordre.	
2e catégorie.	— de 2e ordre.	
3e catégorie.	— de 3e ordre.	
4e catégorie.	— de 4e ordre.	
Catég. infér..	Auberges	
Exemptions .		
Atténuations.		

Art. 7. Conformément à la décision du Conseil d'État, le conseil municipal doit s'engager à verser annuellement les sommes nécessaires au fonctionnement de la chambre.

Pour les autres affectations exigées par la loi (art. 10 et 11) et qu'il est essentiel de prévoir immédiatement, voir *infra*, page 55 (affectation du produit de la taxe).

Ne pas omettre d'annexer à la délibération le plan des travaux dont le programme aura été adopté.

Art. 7. — Emploi de la taxe.

1. *Chambre d'industrie touristique.* — Le conseil municipal s'engage à assurer le fonctionnement de la chambre d'industrie touristique tant que le classement de la station subsistera, soit au moyen d'un prélèvement sur la taxe de séjour, soit sur les ressources du budget communal.

2. *Travaux d'hygiène.* —

3. *Travaux d'embellissement, amélioration des conditions d'accès, d'habitation, de séjour ou de circulation.* —

Fait à , le .

Pour copie conforme.
Le maire[1],

[1] Afin de faciliter la procédure, une copie conforme de la présente délibération doit être, aussitôt prise, *communiquée d'urgence* à l'Office National du Tourisme, rue de Surène, 17. Paris.

Il est rappelé, en outre, que trois autres exemplaires doivent être régulièrement adressés à la préfecture.

QUESTIONNAIRE CONCERNANT L'HYGIÈNE PUBLIQUE.

Ce questionnaire, que nous reproduisons ici-même, a été publié en annexe à la circulaire de M. le ministre des travaux publics en date du 20 juin 1922 (*infra*, p. 136).

Les réponses qui y seront faites serviront de base aux avis que doivent formuler au cours de la procédure le Conseil départemental d'hygiène et, à l'échelon suivant, le Conseil supérieur d'hygiène publique de France.

Cette haute assemblée, dont le Conseil d'État recueille avec le plus grand soin les observations, se montre en général d'une certaine sévérité pour les communes qui ne produisent que des renseignements insuffisants ou vagues, sur leur situation hygiénique, à l'appui de leur demande de reconnaissance comme station de tourisme.

Il ne saurait donc être trop conseillé aux municipalités, non seulement de joindre en annexe à la délibération formulant ladite demande, un état contenant les réponses aux questions posées ci-après, mais encore de rédiger ces réponses de la manière la plus complète et la plus précise.

L'effort fourni à ce moment capital de la procédure sera toujours récompensé par la rapidité d'une solution que ne retarderont ni des demandes renouvelées de renseignements complémentaires, ni même des avis peu favorables basés sur des documents insuffisants.

Texte du questionnaire.

QUESTIONNAIRE.

PREMIÈRE PARTIE.

RENSEIGNEMENTS À FOURNIR PAR LES MUNICIPALITÉS.

Titre A.

Renseignements à fournir pour toutes les villes ou localités, quelle que soit leur importance.

I. Motif de la demande de reconnaissance.

Dénombrement des touristes et mouvement des étrangers.

II. Renseignements généraux.

La demande de reconnaissance formulée s'applique-t-elle à tout ou partie de la commune?

Dans ce dernier cas, à quelle partie? En préciser les limites et fournir, si possible, un plan sommaire.

III. Conditions démographiques générales.

Population totale aux trois derniers recensements quinquennaux.

Population de la partie de la ville ou localité pour laquelle la reconnaissance est demandée.

Nombre de lits d'hôtels et de logements en garnis.

Mortalité dans les dix dernières années. Causes des décès.

Morbidité et mortalité épidémiques dans les cinq dernières années.

IV. Services hygiéniques généraux.

Indications sommaires sur le mode d'alimentation en eau potable [1] : date de l'exécution des travaux, nombre de bornes-fontaines publiques. En cas d'eaux de sources, indiquer la distance de ces sources par rapport à l'agglomération. En cas d'eaux de rivières : ces eaux sont-elles épurées et par quel procédé? En cas d'eaux de puits : nombre, position des puits. Mode de puisage de l'eau : celui-ci s'effectue-t-il sur un appareil attenant au puits ou avec les seaux des particuliers?

Nombre de lavoirs publics existant; où se déversent leurs eaux?

Existe-t-il un réseau d'égouts? Dans l'affirmative, en donner la longueur en même temps que la longueur totale des rues de la ville ou localité; fournir un plan, si possible, et indiquer ce que deviennent les eaux de ces égouts.

Dans la négative, que deviennent les eaux usées? Matières fécales : qu'en fait-on?

Constitution des chaussées : balayage, lavage, arrosage.

V. Mesures à prendre et travaux à prévoir.

Programme des mesures et travaux d'assainissement que le conseil municipal s'engage à réaliser, au fur et à mesure de la création des ressources nécessaires. Évaluation et combinaison budgétaire proposée.

Projet d'alimentation en eau à l'étude : description sommaire, coût du projet.

Projet de construction d'égouts à l'étude : description sommaire, coût du projet.

VI. Emploi de la taxe de séjour.

Nombre d'années pour lesquelles cette taxe est demandée.

Produit annuel envisagé.

Prévisions de prélèvement opéré annuellement sur ce produit pour réaliser de nouveaux projets :

[1] Il est recommandé aux municipalités demandant le classement de leur commune en station de tourisme, de produire une analyse de leurs eaux d'alimentation. Le laboratoire du Ministère de l'hygiène, 52, rue du Montparnasse, Paris, exécute cette analyse sur place, lorsque les communes en font la demande, en s'engageant à supporter les frais de déplacement.

a. D'adduction d'eau et d'évacuation des eaux usées,
b. D'assainissement général;
c. D'embellissement.

Titre B.

Renseignements complémentaires à fournir par les villes de 5,000 à 20,000 habitants.

I. Renseignements généraux.

Évaluer la surface totale de la partie agglomérée en donnant la proportion de la surface bâtie.

II. Conditions démographiques générales.

Mortalité. — Indiquer la mortalité dans les cinq dernières années par catégories d'âge et de causes de décès, conformément aux rubriques de la statistique démographique [1].

Distinction des décès attribuables :

a. A la population fixe;
b. A la population flottante;
c. Aux hôpitaux et hospices, s'il y a lieu;
d. Aux sanatoria.

Morbidité. — Indiquer la morbidité par maladies transmissibles contagieuses.

III. Services hygiéniques généraux.

Réglementation. — Fournir tout document complémentaire du règlement sanitaire.

[1] Copie des états de statistique envoyés à la Préfecture.

TITRE C.

Renseignements complémentaires à fournir par les villes de 20,000 habitants et au-dessus pourvues d'un bureau d'hygiène.

SERVICES D'HYGIÈNE GÉNÉRAUX.

1. *Hygiène de l'habitation.*

Casier sanitaire et son mode d'établissement.
Hôtels et garnis, leur surveillance.
Organisation et contrôle du service de désinfection.

2. *Eaux d'alimentation.*

Fournir les analyses effectuées par le Directeur du bureau d'hygiène.

3. *Eaux et matières usées.*

Fournir les analyses effectuées par le Directeur du bureau d'hygiène sur les eaux usées, avant et après épuration.

4. *Halles et marchés.*

Surveillance des denrées alimentaires.
Répression des fraudes.

5. *Prophylaxie sociale.*

Protection des habitants contre la contagion tuberculeuse.
Dispensaires de salubrité. Visite des femmes en carte.
Prophylaxie des maladies vénériennes.

6. *Le bureau d'hygiène et ses attributions.*

A. Attributions obligatoires : les énumérer et exposer en détail leur fonctionnement.

1° *Mesures sanitaires concernant les individus.*

a. Contrôle de l'exécution du règlement sanitaire pour les prescriptions concernant les individus;

b. Réception des déclarations des cas de maladies transmissibles ou contagieuses, contrôle de la prophylaxie et de l'isolement;

c. Vaccination et revaccination obligatoires;

d. Service de la désinfection;

e. Surveillance des hôtels et logements loués en garni, au point de vue de la salubrité;

f. Statistique des cas de maladies transmissibles et contagieuses.

2° *Mesures sanitaires concernant les immeubles.*

a. Contrôle de l'exécution du règlement sanitaire pour les prescriptions concernant les immeubles;

b. Délivrance des permis de construire;

c. Assainissement des immeubles insalubres;

d. Surveillance des eaux d'alimentation provenant de puits, citernes, etc.;

e. Surveillance des fosses d'aisance, puisards, bétoires, etc.;

f. Casier sanitaire des immeubles.

3° *Mesures sanitaires concernant les localités.*

a. Assainissement général de la localité et de la voie publique;

b. Contrôle des distributions publiques d'eau potable;

c. Contrôle du service des égoûts;

d. Carte sanitaire de la commune.

B. Attributions facultatives [1] :

Quelles sont les attributions facultatives du bureau d'hygiène et dans quelles mesures sont-elles exercées?

La vaccination. — État justificatif des vaccinations et revaccinations pratiquées pendant les cinq dernières années, classées par catégories d'âge des assujettis.

[1] Indiquer si les différentes attributions facultatives sont exercées par un autre organisme que le Bureau d'hygiène et, éventuellement, dans quelles conditions?

DEUXIÈME PARTIE.

RENSEIGNEMENTS À FOURNIR PAR LE RAPPORTEUR AU CONSEIL DÉPARTEMENTAL D'HYGIÈNE PUBLIQUE.

Titre A.

Pour toute localité.

I. Hygiène des personnes.

Indiquer la situation des hôpitaux les plus proches et les dispositions prises pour l'évacuation sur les hôpitaux, des malades étrangers à la localité.

II. Services hygiéniques généraux.

Eaux d'alimentation. — Périmètre de protection. — Date d'exécution des travaux, débit des sources ou approvisionnement en eau potable, en mètres cubes, par vingt-quatre heures.

a. En moyenne;

b. A l'époque de la ou des saisons touristiques.

Capacité du réservoir existant : sa construction, son mode de protection.

Conception du projet d'alimentation en eau à l'étude; son coût, critique sommaire.

Ce projet a-t-il déjà fait l'objet d'une étude et d'une approbation de la part du Conseil départemental d'hygiène?

Renseignements relatifs à toutes les eaux d'alimentation, qu'elle qu'en soit la nature. — Communiquer les analyses chimiques et bactériologiques éventuellement faites par la Commission sanitaire, par le Conseil départemental d'hygiène, par l'inspecteur départemental, etc. — Communiquer le rapport éventuellement fait par le géologue (pour les travaux neufs et pour les travaux d'amélioration effectués postérieurement à 1900, ce rapport doit exister).

Eaux et matières usées. — Conception du projet de constructions d'égouts ou du plan général d'assainissement à l'étude. Mode d'épuration prévu. Coût du projet. Critique sommaire. Ce projet a-t-il fait l'objet d'une étude et d'une approbation de la part du Conseil départemental d'hygiène?

Récolte et traitement des ordures ménagères. — Matières fécales : leur destination.

III. Mesures d'ensemble à étudier par le rapporteur.

Causes d'insalubrité générale ou partielle, quartiers insalubres.

Avis du rapporteur sur la possibilité d'établir un syndicat de communes, en vue des améliorations sanitaires à réaliser sur le périmètre faisant l'objet de la demande.

IV. Assistance et soins médicaux.

Assistance médicale aux indigents.

Existe-t-il un ou plusieurs médecins exerçant sur le territoire de la commune et y résidant?

Existe-t-il un ou plusieurs pharmaciens?

Existe-t-il un médecin pro-pharmacien?

Si aucun médecin ne réside dans la commune, quelles sont les dispositions prises pour assurer de prompts secours (médecine et pharmacie) :

a. Aux habitants pendant toute l'année;

b. Aux étrangers pendant la période saisonnière (laps de temps de perception de la taxe).

Sur le produit de la taxe de séjour, quel sera le prélèvement opéré pour assurer, le cas échéant, des indemnités aux médecins ou médecin-pharmacien chargés d'assurer le service médical?

V. Renseignements généraux.

La commune rentre-t-elle dans l'une des catégories des communes qui, conformément à la loi du 14 mars 1920, sont tenues d'établir un plan d'aménagement, d'embellissement et d'extension?

Dans ce cas, fournir, si possible, le plan ou l'avant-projet du plan qui a été établi et préciser sur ce plan, les limites de la partie de la commune pour laquelle la demande de reconnaissance a été formulée.

Titre B.

Pour les villes de 5,000 à 20,000 habitants.

I. Hygiène des personnes.

Hôpitaux;
Répartition des lits par chambre ou salle;
Nombre total des lits;
Attribution de ces lits;
L'isolement est-il réalisé :
1° Pour les contagieux?
2° Pour les tuberculeux?

Enlèvement et destruction des matières usées de l'hôpital, vidanges, ordures, eaux ménagères, objets de pansements, etc.

Assistance aux malades. — Transport des malades et blessés. — Consultations hospitalières externes. — Dispensaires. — Cliniques, polycliniques. — Assistance médicale gratuite. — Isolement des étrangers malades contagieux.

Maisons de santé médicales.

II. Hygiène générale de l'habitation.

Logements insalubres. — Justification des affaires traitées dans les deux dernières années par l'inspecteur départemental d'hygiène.

Dans quelles conditions l'exécution des désinfections est-elle réalisée? Nombre des désinfections effectuées dans les deux dernières années dans la localité et hors de la localité.

III. Eaux d'alimentation.

a. Eaux distribuées sans épuration : nature de l'eau, captage et dérivation. Plan. Mode de distribution. Plan de la distribution urbaine.

b. Eaux distribuées après épuration. Nature de l'eau. Description du procédé d'épuration. Plan de la distribution urbaine. Le procédé d'épuration est-il surveillé? Comment les résultats sont-ils contrôlés? Par qui et dans quelles conditions? Fournir les procès-verbaux de toutes les analyses effectuées les deux années précédentes.

IV. Abattoirs et tueries.

Abattoirs : leur surveillance; où vont les issues et où s'écoulent les eaux résiduaires?

Tueries particulières : comment s'effectue leur surveillance?

V. Eaux et matières usées.

Système d'évacuation, plan des égouts, épuration, décantation, récolte des matières fécales, fosses fixes, tinettes, fosses à fond perdu, épandage des matières fécales.

Titre C.

Pour les villes situées au bord de la mer.

(Renseignements à transmettre par le rapporteur, d'accord avec les municipalités.)

I. Ports.

1° Hygiène du port et des canaux : curage, chasses;

2° Destruction des rats et des moustiques. Marais : leur situation, travaux réalisés ou à entreprendre pour leur assainissement;

3° Dépôts et parcs à huîtres et coquillages; leurs situations, plans, mesures sanitaires générales.

II. Stations de bains de mer.

Plages : situation, étendue, en fournir un plan précisant : *a.* leur proximité du port, s'il en existe un; *b.* leur éloignement du lieu de déversement des égouts.

Indiquer le mode d'évacuation des eaux résiduaires et des matières de vidanges des agglomérations et des habitations en bordure de plage.

Lais de mer : courants.

Marais : mesures appliquées ou envisagées pour la lutte contre les moustiques.

ENQUÊTE.

Le détail de la procédure est clairement exposé dans l'article premier du décret, rendu applicable aux stations de tourisme par l'article 46 (*infra*, p. 107).

A noter qu'après clôture, le dossier de l'enquête doit être soumis au conseil municipal qui n'aura, en général, qu'à confirmer sa première délibération. Faute de ce faire dans un délai de huit jours, il sera passé outre.

EXEMPLE DE DÉCRET ÉRIGEANT UNE COMMUNE EN STATION DE TOURISME ET CRÉANT UNE CHAMBRE D'INDUSTRIE TOURISTIQUE.

RÉPUBLIQUE FRANÇAISE.

MINISTERE DES TRAVAUX PUBLICS.

DÉCRET.

Le Président de la République française,

Sur le rapport du Ministre des Travaux publics,

Vu les délibérations du conseil municipal de la commune de C... en dates des 24 octobre 1920 et 3 septembre 1922 tendant à obtenir le classement de cette commune en station de tourisme et la création d'une chambre d'industrie touristique;

Vu la délibération de ce même conseil en date du 27 décembre 1923 prenant l'engagement, d'une part, d'assurer le fonctionnement de la chambre d'industrie touristique au moyen d'un prélèvement sur la taxe de séjour ou sur les ressources du budget communal et, d'autre part, d'affecter le produit de cette taxe au remboursement d'un emprunt que la commune entend contracter pour l'exécution des travaux d'assainissement et d'adduction d'eau potable;

Vu le dossier de l'enquête, ensemble le rapport du commissaire enquêteur, en date du 3 juin 1921;

Vu l'avis du Conseil général en date du 27 juillet 1921;

Vu l'avis du Conseil départemental d'hygiène en dates des 20 juin 1922 3 octobre 1923 et 12 juillet 1924;

Vu l'avis de la Commission départementale des sites et monuments naturels en date du 3 août 1921;

Vu l'avis de la Commission des monuments historiques en date du 16 avril 1926;

Vu l'avis du Conseil supérieur d'hygiène publique de France, en date du 22 février 1926 faisant état de projets mis à l'étude par le conseil municipal en vue de l'exécution de travaux d'adduction d'eau et de construction d'un réseau d'égoûts pour l'évacuation des eaux résiduaires; ensemble la délibération du conseil municipal de la commune de C... en date du 11 avril 1926 s'engageant à satisfaire aux réserves sus énoncées du Conseil supérieur d'hygiène publique au moyen d'un emprunt gagé sur le produit de la taxe;

Vu l'avis du Conseil d'administration de l'Office national du tourisme en date du 10 mars 1923;

Vu la loi du 24 septembre 1919 et le décret du 4 mai 1920 modifié par le décret du 30 mai 1923;

La section des Travaux publics, de l'Agriculture, du Commerce, de l'Industrie, des Postes et des Télégraphes, du Travail et de la Prévoyance sociale du Conseil d'État entendue,

Décrète :

Article 1er. La commune de C... est érigée en station de tourisme.

Art. 2. Il est créé dans cette station une chambre d'industrie touristique.

Les professions intéressées seront représentées dans cette chambre de la façon suivante :

Hôteliers, logeurs, restaurateurs, 2 représentants;

Entrepreneurs de transport de voyageurs, 2 représentants;

Commerçants en articles de sports et de tourisme, 3 représentants;

Membres d'une association constituée en vue du développement de la station, 3 représentants.

La liste des électeurs sera établie dans les trois mois à partir de la date de la publication du présent décret et il sera procédé à la revision de cette liste dans la première quinzaine d'avril de chaque année.

Art. 3. Le Ministre des Travaux publics est chargé de l'exécution du présent décret, qui sera publié au *Journal officiel de la République française* et inséré au *Bulletin des lois*.

Fait à Rambouillet, le 31 août 1926.

Signé : G. DOUMERGUE.

Par le Président de la République :

Le Ministre des Travaux publics,

Signé : André Tardieu.

TAXE DE SÉJOUR

CHAPITRE II.

AUTORISATION DE PERCEVOIR LA TAXE DE SÉJOUR.

TABLEAU DE LA PROCÉDURE À SUIVRE EN VUE D'OBTENIR L'AUTORISATION DE PERCEVOIR LA TAXE DE SÉJOUR.

[Le décret érigeant la commune en station de tourisme et instituant la chambre d'industrie touristique est rendu. La chambre est constituée (*supra*, chapitre Ier, p. 21).]

Délibération de la chambre d'industrie touristique *contenant son avis :*

Sur la demande d'établissement de la taxe (tarifs prévus, durée de la perception, exemptions et atténuations, etc.) ;

Et sur les projets de travaux auxquels son produit doit être affecté ;

(*Loi, art. 12 et 15,* infra, *p. 103, et décret, art. 35 et 53,* infra, *p. 117.*

S'il y a désaccord sur ces questions avec la première délibération du conseil municipal, *celui-ci devra procéder à un* nouvel examen *afin qu'une entente puisse être conclue entre les deux assemblées.*

*Le dossier ainsi complété est transmis par la préfecture à l'*Office National du Tourisme, dont le Conseil d'administration donne, *le cas échéant, un* nouvel avis.

Le décret est promulgué et exécuté comme en matière de classement (supra, *p.* 23).

TARIFS-TYPES.

Afin d'uniformiser autant que possible, dans les stations hydrominérales, climatiques et de tourisme, les bases d'application de la taxe de séjour, la Commission permanente des stations hydrominérales et climatiques de France, et le Conseil d'administration de l'Office National du Tourisme ont jugé nécessaire de fixer des tarifs-types qui puissent être adoptés dans les différentes communes appelées à bénéficier de la loi du 24 septembre 1919.

Il y a intérêt en effet à éviter des concurrences de tarifs entre stations voisines, de même que l'établissement de taxes insuffisantes pour les besoins de la station, ou excessives eu égard à sa clientèle.

Sans que ces chiffres puissent donc être imposés aux municipalités, ils constituent une base dont il sera sage de ne s'écarter qu'avec prudence.

	TARIF. — francs.
Hors classe : Hôtels et villas de grand luxe.........	3 00
Dans cette catégorie entreront seuls les hôtels dits «Palaces» dont le grand luxe semble justifier l'application du tarif maximum. Le classement dans cette catégorie doit d'ailleurs être exceptionnel.	
1re catégorie : Hôtels, villas et maisons meublées de premier ordre..........................	2 00
2e catégorie : Hôtels, villas et maisons meublées de de second ordre..........................	1 50
3e catégorie : Hôtels, villas et maisons meublées de troisième ordre..........................	1 00
4e catégorie : Hôtels, villas et maisons meublées de quatrième ordre..........................	0 50

	TARIF.
	francs.
Catégorie inférieure : Auberges..................	0 20

Le classement dans cette catégorie sera exceptionnel au même titre que dans la catégorie hors-classe. La clientèle des hôtels de dernier ordre pourra d'ailleurs le plus souvent être exemptée de la taxe.

Comme nous l'avons déjà dit (chap. Ier, observations sur l'art. 6 du modèle de délibération, *supra*, p. 34) il est instamment recommandé aux municipalités de prévoir d'emblée l'ensemble de ces catégories.

Une fois rendu le décret autorisant la perception de la taxe, il suffit en effet d'un arrêté du Maire pour répartir parmi l'ensemble de ces catégories, ou parmi certaines d'entre elles seulement, les hôtels et villas exploités à cette époque. Si ultérieurement le caractère de quelques-uns de ces hôtels ou villas se modifie de telle sorte qu'il devienne opportun de les changer de catégories, ou si de nouveaux établissements sont installés, il suffit encore d'un arrêté municipal pour opérer à nouveau la répartition, dès lors que les catégories nécessaires ont été prévues par avance.

Dans le cas — malheureusement jusqu'ici fréquent — où au contraire, le décret, se basant sur la demande du Conseil municipal, n'institue qu'un petit nombre de catégories à tarifs distincts, où par exemple il n'est pas prévu de catégorie hors-classe, il ne peut y être remédié, le jour notamment où un hôtel de grand luxe ouvre ses portes et où la municipalité désire y percevoir la taxe maximum, que par un nouveau décret qui lui-même exige une procédure préalable complète : délibération du Conseil municipal, délibération de la chambre d'industrie touristique, enquête, avis du Conseil d'administration de l'Office National du Tourisme, avis du ministre de l'Instruction publique et des Beaux-Arts, décret en Conseil d'État sur la proposition du ministre des Travaux publics (loi, art. 12, *infra* p. 102 ; voir aussi *infra* p. 69, chap. V, modifications du régime de la taxe de séjour).

Notons enfin que les tarifs-types ci-dessus présentent l'avantage de rendre plus aisé le calcul de la taxe additionnelle, qui n'est jamais comprise dans les tarifs de base, et doit toujours leur être ajoutée (décision du Conseil d'État rejetant les propositions de tarifs globaux) : voir *infra* p. 94, titre III, chapitre IV : La taxe additionnelle et l'Office National du Tourisme.

EXEMPTIONS ET ATTÉNUATIONS.

Pour les mêmes raisons qui militent en faveur de l'adoption de tarifs-types, il est extrêmement souhaitable que les stations de tourisme accordent d'une façon uniforme les exemptions et atténuations de taxe de séjour.

Les conseils municipaux et les chambres d'industrie des stations de tourisme ont, du point de vue légal, une assez grande liberté en la matière puisque, la perception de la taxe de séjour étant facultative dans ces stations, elle peut n'être demandée que dans la mesure où elle est jugée désirable.

Mais il y a intérêt à éviter d'indisposer les redevables qui ne comprennent pas toujours que certaines exonérations leur soient accordées dans telle station et refusées dans telle autre.

Au surplus, le Conseil d'État n'admettrait évidemment pas que l'usage de cette liberté devînt par trop fantaisiste, et il tient à ce que, sauf exception très motivée, les décrets autorisant la taxe prévoient uniformément dans les stations de tourisme les exemptions et atténuations suivantes :

Exemptions :

1° Des enfants au-dessous de 7 ans :

2° Des personnes résidant temporairement dans la station pour l'exercice de leur profession ;

3° Des fonctionnaires de l'État ou du département résidant dans la station pour l'exercice de leurs fonctions ;

4° Des blessés ou malades pensionnés de guerre ;

Atténuations :

En faveur des familles nombreuses, dans la proportion prévue par la loi du 29 octobre 1921 pour les tarifs de transport des chemins de fer d'intérêt général, c'est-à-dire :

Pour les familles comprenant	3 enfants............	30 p. 100
	4 enfants............	40
	5 enfants............	50
	6 enfants............	60
	7 enfants et plus......	70

(Réduction à accorder sur le vu des cartes délivrées à cet usage par les réseaux de chemins de fer).

AFFECTATION DU PRODUIT DE LA TAXE DE SÉJOUR.

« Les sommes payées par les touristes au titre de la taxe de séjour. doivent revenir aux touristes sous forme d'amélioration de l'hygiène publique, de mise en valeur des beautés de la station ou de perfectionnement des conditions d'accès, d'habitation, de séjour ou d'habitation. »

Tel est le principe implicitement posé par la loi et qui ne doit jamais être perdu de vue par les municipalités, quelquefois tentées de joindre aux recettes ordinaires d'un budget en déficit les recettes extraordinaires provenant de la taxe de séjour.

C'est d'ailleurs principalement pour veiller à leur utilisation régulière que la loi a créé les chambres d'industrie, où les intérêts touristiques sont largement représentés.

Mais entre les diverses affectations possibles, il existe un ordre de priorité qui s'est trouvé fixé petit à petit par la jurisprudence du Conseil d'État, et qui peut être exposé de la façon suivante[1] :

[1] Voir sur tous ces points, *infra*, page 139, la circulaire interministérielle du 16 novembre 1923, et page 91, un exemple de budget de la taxe de séjour.

1. Frais de perception.

Ces frais peuvent être prélevés sur le produit de la taxe, mais dans la limite de 5 p. 100 pour la première tranche de 100,000 francs et de 3 p. 100 pour le surplus.

Ces taux ne sont d'ailleurs précisés qu'à titre de maxima, et ils devront être bien entendu réduits partout où ce sera possible.

Le Conseil d'administration de l'Office National du Tourisme admet que, sur justifications détaillées, les frais qu'entraîne la perception de la taxe additionnelle soient imputés dans la même proportion sur son produit.

2. Chambre d'Industrie Touristique.

a. Le conseil municipal doit, dès la délibération initiale, s'engager à assurer le fonctionnement de la Chambre d'Industrie Touristique. Les frais d'administration et de secrétariat seront, en exécution de cet engagement, couverts par une subvention annuelle prélevée, soit sur le budget ordinaire de la commune, soit plus normalement sur le produit de la taxe.

b. Mais il est beaucoup plus important que, en dehors de ces frais de fonctionnement toujours minimes, le conseil municipal s'en remette à la Chambre d'Industrie du soin de gérer la plus grande partie, sinon la quasi-totalité du produit de la taxe de séjour.

La commune, qui est largement représentée au sein de cet organisme, peut lui faire confiance pour administrer au mieux des intérêts touristiques de la station, les fonds versés par les touristes, et il est inutile d'insister par ailleurs sur les avantages de cette combinaison qui offre toutes les garanties comme toute la souplesse souhaitables en la matière.

3. Travaux d'assainissement.

Le Conseil d'État, d'accord avec le Conseil supérieur d'hygiène publique de France, estime que la salubrité de la station prime au regard des touristes les autres considérations, et il est admis qu'en principe 75 p. 100 du produit de la taxe de séjour doivent y être consacrés, tout au moins dans les localités où la situation est le moins favorable à cet égard.

Les municipalités et les touristes ne se font pas généralement une telle conception de la taxe de séjour. Les touristes, en particulier, consentent mieux à la payer lorsqu'elle sert d'une façon plus apparente aux aménagements purement touristiques dont ils profitent plus vite et plus directement.

Ils estiment souvent, par trop à la légère, que le «tourisme» pourrait ne pas être sacrifié dans de telles proportions à l'«hygiène».

A cela, nous répondrons que la qualité de «station de tourisme» doit avant tout constituer en faveur de la station une garantie sanitaire essentielle.

Lorsque cette garantie sera donnée aux étrangers, rien ne s'opposera dans la suite à ce que le produit de la taxe soit affecté, par exemple dans une proportion de 75 p. 100, au «tourisme».

Il n'existe guère de communes qui n'aient pas en projet un programme de travaux d'hygiène publique, adduction ou épuration d'eaux potables, réseau d'égoûts pour l'évacuation des eaux et matières usées, enlèvement et incinération des ordures, nettoyage de la voirie, etc.

La meilleure méthode à suivre consiste dès lors à choisir, parmi les plus urgents des travaux de ces diverses catégories, un projet correspondant par son importance financière à l'importance escomptée du rendement de la taxe de séjour.

Si, comme le Conseil d'État et l'Office National du Tourisme le conseillent toujours vivement, la municipalité décide d'affecter pendant un nombre déterminé d'années le produit de la taxe à l'amortissement et aux intérêts d'un emprunt, c'est le capital de cet emprunt, tel qu'il résultera, d'une part du gage annuel y affecté, et d'autre part des conditions du marché financier, qui devra être pris en considération pour arrêter le programme de travaux à entreprendre.

En ce cas, bien entendu, et c'est un des plus notables avantages de l'emprunt, les travaux peuvent être exécutés, en quelque sorte, dès le début de la perception de la taxe, qui ne sert à les payer que petit à petit. Nous avons déjà noté (*supra*, p. 18 : avantages conférés par l'érection d'une commune en station de tourisme) le gros intérêt de cette combinaison qui écarte les risques inhérents à l'exécution d'un programme de longue haleine, et grâce à laquelle les redevables de la taxe sont assurés de jouir, avant même de l'avoir acquittée, des améliorations qu'elle a permis de réaliser.

4. Travaux d'embellissement, amélioration des conditions d'accès, d'habitation, de séjour ou de circulation.

Le produit de la taxe sera affecté à ces divers travaux par prélèvement sur la fraction non consacrée à l'hygiène qui, nous venons de le dire, ne doit pas en principe dépasser 75 p. 100.

Mais il arrive assez souvent que ce dernier taux ne soit pas atteint, ou même qu'il ne soit pas prévu du tout de travaux d'assainissement, lorsque le budget ordinaire de la commune suffit à assurer leur exécution. Dans ce cas, une fois couverts les frais de perception et les frais de fonctionnement de la chambre d'industrie (si encore une de ces deux catégories de dépenses n'est pas elle-même inscrite au budget communal), la totalité du produit de la taxe reste disponible pour l'aménagement touristique de la station.

Il est inutile de souligner que, plus encore que pour les questions de salubrité, la chambre d'industrie touristique est cette fois particulièrement désignée pour recevoir la concession du programme de travaux à exécuter.

Que ce soit par tranches annuelles et au fur et à mesure des rentrées, ou mieux grâce à un emprunt qui permet la réalisation immédiate dudit programme, le conseil municipal sera toujours heureusement inspiré en déléguant à un organisme aussi qualifié la mission de rendre la commune toujours plus digne du titre de station de tourisme.

Notons que, parmi les dépenses de la présente catégorie, il est parfaitement légal de faire figurer les subventions destinées à assurer le fonctionnement d'un bureau de renseignements de tourisme (art. 38 du décret), ainsi que les subventions versées à une association de tourisme ou à un syndicat d'initiative dont les travaux, exclusivement entrepris dans l'intérêt de la station, rentrent parmi ceux énumérés à l'article 10 de la loi. (Voir sur cette question, *infra,* page 138, la circulaire ministérielle du 23 juin 1922.)

EXEMPLE DE DÉCRET AUTORISANT LA PERCEPTION D'UNE TAXE DE SÉJOUR.

RÉPUBLIQUE FRANÇAISE.

MINISTÈRE DES TRAVAUX PUBLICS.

DÉCRET.

Le Président de la République Française,

Sur le rapport du Ministre des travaux publics,

Vu le décret du 7 août 1921, qui a érigé la ville de A... en station de tourisme et a institué dans cette station, une chambre d'industrie touristique,

Vu les délibérations du conseil municipal en dates du 29 juillet 1920 et du 22 juin 1925,

Vu la délibération du conseil municipal en date du 4 décembre 1925 par laquelle ce conseil demande l'autorisation de percevoir pendant deux ans la taxe de séjour dont le produit servira à l'exécution du programme des travaux d'hygiène approuvé par le Conseil supérieur d'hygiène publique de France.

Vu les pièces de l'enquête ouverte sur cette demande en exécution de l'art. 3 de la loi du 24 septembre 1919 et du supplément d'enquête auquel il a été procédé dans la commune en exécution de l'avis de la section des travaux publics du Conseil d'État du 16 février 1926,

Vu les procès-verbaux d'enquête et les avis du commissaire enquêteur en date respectivement des 10 juin 1920 et 15 mars 1926,

Vu l'avis de la Commission des monuments historiques en date du 20 novembre 1920, ensemble l'avis du Ministre de l'Instruction publique et des Beaux-arts,

Vu la délibération de la Chambre d'industrie touristique en date du 15 octobre 1925,

Vu l'avis du Conseil supérieur d'hygiène publique de France en date du 25 janvier 1926,

Vu l'avis du Conseil d'administration de l'Office National du Tourisme en date du 28 janvier 1926,

Vu les autres pièces du dossier,

Vu les lois des 24 septembre 1919 et 31 juillet 1920 et le décret du 4 mai 1920, modifié par le décret du 30 mai 1923,

La Section des travaux publics, de l'agriculture, du commerce, de l'industrie, des postes et des télégraphes, du travail et de la prévoyance sociale du Conseil d'État entendue :

Décrète :

Article 1er. Est autorisé, pour une durée de deux années, l'établissement, dans la station de tourisme de A..., d'une taxe de séjour qui sera perçue du 1er janvier au 31 décembre de chaque année suivant les tarifs ci-après :

	PAR PERSONNE ET PAR JOUR.
	francs.
Hôtels hors classe	2 00
Hôtels et maisons de première catégorie	1 50
Hôtels et maisons de deuxième catégorie	1 00
Hôtels et maisons de troisième catégorie	0 60

Ces tarifs ne comprennent pas la taxe additionnelle.

La taxe est due à partir du jour de l'arrivée. La durée de perception est au maximum de 28 jours.

Art. 2. Ne sont pas passibles de la taxe :

1° Les enfants au-dessous de sept ans;

2° Les personnes qui justifient qu'elles viennent temporairement dans la station pour l'exercice de leur profession;

3° Les fonctionnaires et agents de l'État ou du département appelés temporairement dans la station pour l'exercice de leurs fonctions.

Art. 3. Les membres des familles nombreuses, porteurs de la carte d'identité strictement personnelle qui leur est délivrée en vertu de la loi du 29 octobre 1921, béneficieront des réductions prévues par la dite loi pour les prix de transport sur les chemins de fer d'intérêt général, c'est-à-dire :

Pour les membres des familles comptant	3 enfants	30 p. 100.
	4 enfants	40
	5 enfants	50
	6 enfants	60
	7 enfants et plus	70

Art. 4. Le produit de la taxe sera affecté, après avis de la chambre d'industrie touristique, à la réalisation du programme de travaux prévus par la délibération du 22 juin 1925 et en premier lieu, à l'amélioration des émissaires généraux des égoûts, notamment du canal de C...

Les frais de fonctionnement de la chambre d'industrie touristique seront prélevés sur les ressources générales du budget communal et à défaut sur le produit de la taxe de séjour.

Art. 5. Conformément aux prescriptions de l'art. 20 du décret du 4 mai 1920 modifié par le décret du 30 mai 1923, un état portant indication précise de l'emploi du produit de la taxe de séjour au cours de l'année précédente, sera affiché, pendant toute la durée de la saison à la mairie et dans les hôtels, ainsi qu'au siège du syndicat d'initiative et au bureau de renseignements s'il en existe dans la station. Cet état sera certifié par le maire.

Art. 6. Le Ministre des travaux publics est chargé de l'exécution du présent décret qui sera publié au *Journal officiel* et inséré au *Bulletin des lois.*

Fait à Paris, le 17 avril 1926.

Signé : Gaston DOUMERGUE.

Par le Président de la République :

Le Ministre des travaux publics

Signé : A. de MONZIE.

EMPRUNT

CHAPITRE III.

EMPRUNT GAGÉ SUR LA TAXE DE SÉJOUR.

TABLEAU DE LA PROCÉDURE À SUIVRE EN VUE D'OBTENIR L'AUTORISATION DE CONTRACTER UN EMPRUNT GAGÉ SUR LA TAXE DE SÉJOUR.

Délibération [1] du conseil municipal (*demandant l'érection de la commune en station de tourisme, la création d'une Chambre d'industrie touristique, et l'autorisation de percevoir la taxe de séjour*);

Adoptant un programme de travaux d'assainissement, d'embellissement ou d'amélioration des conditions d'accès, d'habitation, de séjour, de circulation ;

Demandant que les travaux prévus soient déclarés d'utilité publique;

Décidant de couvrir les dépenses nécessaires à l'exécution du programme adopté, par le produit d'un emprunt qu'il demande l'autorisation de contracter;

Fixant le montant, les taux d'intérêt et d'amortissement, la durée d'amortissement de cet emprunt;

Décidant d'affecter au service des intérêts et de l'amortissement une fraction déterminée du produit annuel de la taxe de séjour, laquelle fraction seule sera perçue pendant toute la durée de cet amortissement;

Énumérant les ressources destinées à gager l'emprunt en cas d'insuffisance prévue ou imprévue de ce produit, et décidant de mettre en

[1] Prendre comme modèle le texte proposé au chapitre I (*supra*, p. 29) jusqu'à l'article 7-1° inclusivement.

Rédiger la suite de façon à répondre aux divers points ci-dessus énumérés.

recouvrement en ce cas seulement un nombre déterminé de centimes extraordinaires.

Délibération de la Chambre d'industrie touristique *contenant son avis :*

Sur la demande d'établissement de la taxe;

Sur le programme de travaux adopté;

Sur l'emprunt projeté.

La municipalité et la préfecture constituent le restant du dossier comme il est dit aux chapitres I et II, supra, *p. 21 et p. 51.*

L'Office National du Tourisme provoque les avis mentionnés au chapitre I, mais soumet en outre le projet de décret au Ministre de l'intérieur, qui, après accord avec son collègue des travaux publics, saisit le Conseil d'État (section de l'intérieur).

OBSERVATIONS.

Nous ne reviendrons pas de nouveau sur les avantages que présente la méthode de l'emprunt, avantages que nous avons déjà exposés dans le chapitre II du titre 1er (*supra,* p. 18) et dans le chapitre II du titre 2e (*supra,* p. 57 et 58).

Notons que la déclaration d'utilité publique des travaux permet (lois des 3 mai 1841, 5 avril 1884, 15 février et 7 avril 1902) :

1° De recourir à la procédure d'expropriation, si la chose est ou devient nécessaire;

2° D'obtenir la remise des droits d'enregistrements afférents à l'acquisition amiable des terrains.

EXEMPLE DE DÉCRET AUTORISANT UN EMPRUNT GAGÉ SUR LA TAXE DE SÉJOUR.

RÉPUBLIQUE FRANÇAISE.

MINISTÈRE DE L'INTÉRIEUR.

DÉCRET.

Le Président de la République française,

Sur le rapport du Ministre de l'intérieur et du Ministre des travaux publics,

Vu le décret du 10 février 1922 qui a érigé en station de tourisme, la commune de V...,

Vu les délibérations du conseil municipal de V... en date des 27 novembre 1921, 8 juillet 1923 et 16 décembre 1923 qui comportent engagement d'affecter pour partie le produit de la taxe de séjour à l'exécution d'un réseau d'égoûts et de subvenir aux frais de fonctionnement de la Chambre d'industrie touristique,

Vu la délibération de la chambre d'industrie touristique en date du 30 août 1923,

Vu les avis du Conseil d'administration de l'Office National du Tourisme en date des 21 octobre 1921 et 18 février 1924,

Vu le procès-verbal de l'enquête à laquelle il a été procédé dans la commune de V...,

Vu les autres pièces du dossier,

Vu les lois des 3 mai 1841, 5 avril 1884, 15 février et 7 avril 1902,

Vu la loi du 24 septembre 1919, ensemble le décret du 4 mai 1920 modifié par le décret du 30 mai 1923,

Vu la loi du 31 juillet 1920.

Vu l'ordonnance du 25 août 1925,

Les sections réunies des travaux publics, de l'agriculture, du commerce, de l'industrie, des postes et des télégraphes, du travail et de la prévoyance sociale et de l'intérieur, de l'instruction publique et des beaux-arts du Conseil d'État entendues :

Décrète :

Article 1er. Sont déclarés d'utilité publique les travaux à entreprendre par la commune de V... en vue de l'exécution de son réseau d'égoûts.

Art. 2. Le maire de V..., agissant au nom de la commune, est autorisé à acquérir à l'amiable, soit s'il y a lieu, par voie d'expropriation en vertu de la loi du 3 mai 1841, les terrains dont l'occupation est nécessaire pour la réalisation du projet, tel qu'il résulte des plans ci-annexés.

Art. 3. La présente déclaration d'utilité publique sera considérée comme nulle et non avenue si les expropriations pour l'exécution des travaux ne sont pas accomplies dans le délai de deux ans à dater du jour de la publication du présent décret.

Art. 4. La commune de V... est autorisée à emprunter, à un taux d'intérêt n'excédant pas 7,75 p. 100 une somme de 630,000 francs remboursable en trente ans et destinée à la construction d'un réseau d'égoûts.

Ce taux pourra être modifié par décision du Ministre de l'intérieur après nouvelle délibération du conseil municipal.

L'emprunt pourra être réalisé soit avec publicité et concurrence, soit de gré à gré, soit par voie de souscription publique avec faculté d'émettre des obligations au porteur ou nominatives transmissibles par transfert ou par endossement.

Les conditions des souscriptions à ouvrir ou des traités à passer seront préalablement soumises à l'approbation du Ministre de l'intérieur.

Art. 5. La même commune est autorisée à s'imposer extraordinairement s'il y a lieu pendant trente ans à partir de 1924 le nombre de centimes additionnels au principal des quatre contributions directes nécessaires pour assurer concurremment avec le produit de la taxe de séjour prévue à l'article 6 et en cas d'insuffisance de ce produit, le remboursement en capital et intérêts.

Toutefois, cette imposition ne sera mise en recouvrement qu'au cas et dans la stricte mesure où les ressources ordinaires de la commune ne permettraient pas de compenser l'insuffisance d'un prélèvement de 75 p. 100 sur le produit de la taxe qui sera affectée dans la limite de ce pourcentage au remboursement de cet emprunt.

Art. 6. Est autorisée la perception d'une taxe de séjour dans la station de tourisme de V... suivant le tarif établi par l'article 7 ci-dessous. La durée de perception de cette taxe est fixée à trente années pour les trois quarts de son montant et à cinq années pour le quatrième quart.

Ces deux fractions de la taxe seront affectées aux emplois prévus à l'article 11 ci-après.

Art. 7. La taxe de séjour sera perçue du 1er janvier au 31 décembre de chaque année et sera réduite de moitié pendant les mois de mai, juin, juillet, août, septembre, octobre, suivant les tarifs ci-après :

	PAR PERSONNE ET PAR JOUR. francs.
Hôtels et appartements de luxe	2 00
Hôtels et maisons de première catégorie	1 50
Hôtels et maisons de deuxième catégorie	1 00
Hôtels et maisons de troisième catégorie	0 60
Hôtels et maisons de quatrième catégorie	0 30
Hôtels et maisons de cinquième catégorie	0 10

Ces tarifs ne comprennent pas la taxe additionnelle.

La taxe est due à partir du jour de l'arrivée. La durée de perception de la taxe est au maximum de 28 jours.

Art. 8. Le présent tarif sera revisé s'il y a lieu à l'expiration de la période d'application de l'article 56 de la loi du 31 juillet 1920.

Art. 9. Ne sont pas passibles de la taxe :

1° Les enfants au-dessous de 7 ans;

2° Les personnes qui justifient qu'elles viennent temporairement dans la station pour l'exercice de leur profession;

3° Les fonctionnaires et agents de l'État ou du département appelés temporairement dans la station pour l'exercice de leurs fonctions.

Art. 10. Les membres des familles nombreuses porteurs de la carte d'identité strictement personnelle qui leur est délivrée en vertu de la loi du 29 octobre 1921 bénéficieront des réductions prévues par ladite loi pour les prix de transport sur les chemins de fer d'intérêt général, c'est-à-dire :

Pour les membres des familles comptant	3 enfants	30 p. 100
	4 enfants	40
	5 enfants	50
	6 enfants	60
	7 enfants et plus	70

Art. 11. Le produit des trois quarts du montant de la taxe sera affecté au service de l'emprunt autorisé par l'article 4 du présent décret et celui du quatrième quart à l'aoquit des dépenses énumérées à l'article 19 du décret du 4 mai 1920.

Les frais de fonctionnement de la chambre d'industrie touristique seront prélevés sur les ressources générales du budget et à défaut, sur ce quatrième quart.

Art. 12. Le Ministre de l'intérieur et le Ministre des travaux publics sont chargés, chacun en ce qui le concerne de l'exécution du présent décret qui sera publié au *Journal officiel* de la République française.

Fait à Rambouillet, le 22 avril 1924.

Signé : A. MILLERAND.

Par le Président de la République :

Le Ministre de l'intérieur,
Signé : J. de SELVES.

Le Ministre des travaux publics, des ports et de la marine marchande,
Signé : Le TROCQUER.

CHANGEMENT DE RÉGIME

CHAPITRE IV.

MODIFICATIONS DU RÉGIME DE LA TAXE DE SÉJOUR.

TABLEAU DE LA PROCÉDURE À SUIVRE EN VUE D'OBTENIR UNE MODIFICATION DU RÉGIME DE LA TAXE DE SÉJOUR.

Délibération du Conseil municipal,

demandant la modification envisagée ;

arrêtant les nouvelles prévisions d'emploi du produit de la taxe.

Délibération de la Chambre d'industrie touristique *sur les mêmes questions ;*

Compte administratif communal *du produit et de l'emploi des recettes provenant de la taxe de séjour pendant les années de perception antérieures ;*

Compte rendu des recettes et dépenses de la Chambre d'industrie touristique *pour les années de fonctionnement antérieures ;*

Enquête *et nouvelle délibération du Conseil municipal.*

Le dossier ainsi constitué est transmis par la Préfecture à l'Office National du Tourisme.

Avis du Conseil d'administration de l'Office National du Tourisme.

Avis du Ministre de l'instruction publique et des beaux-arts.

S'il y a lieu, avis du Conseil supérieur d'hygiène publique de France.

Projet de décret établi par l'Office National du Tourisme et promulgué par le Président de la République sur le rapport du Ministre des travaux publics.

OBSERVATIONS.

Les modifications auxquelles s'applique cette procédure se ramènent généralement aux cas suivants :

1° Prorogation de la durée de perception de la taxe de séjour, qui, on le sait, n'est accordée légalement que pour un maximum de cinq ans, et qui, en fait, n'est autorisée d'abord, à titre d'essai que pour deux ans, sauf le cas d'emprunt (*supra,* p. 34) : chaque station est donc normalement amenée à solliciter périodiquement le renouvellement de l'autorisation de percevoir.

2° Extension de la période annuelle de perception, soit en raison de l'allongement de la saison touristique (avancement du début ou recul de la fin de cette saison), soit du fait que la saison d'été se double d'une saison d'hiver ou inversement, soit parce que la taxe est susceptible d'être perçue du 1er janvier au 31 décembre (cas assez fréquent).

3° Relèvement des tarifs concernant une ou plusieurs des catégories d'hôtels et de villas, ou institution de nouvelles catégories pour y classer des établissements récemment ouverts à l'exploitation.

4° Réduction ou augmentation du tarif de la taxe pendant une partie de la saison.

Dans toutes ces hypothèses, le Conseil d'État, par application de l'article 12 *in fine* de la loi, exige non seulement des délibérations du Conseil municipal et de la Chambre d'industrie, mais l'accomplissement des formalités de l'enquête.

Ces formalités qui, rappelons-le, prennent place également au début de la procédure d'érection en station de tourisme, se trouvent réglementées par l'article premier du décret du 4 mai 1920 (*infra,* p. 107).

En raison de la longueur de cette procédure, dont la durée totale doit être estimée en moyenne à six mois, il est indispensable de la commencer largement à l'avance, surtout dans le premier des cas énoncés ci-dessus, celui de la prorogation d'autorisation de percevoir.

A défaut, la station pourrait se trouver empêchée d'encaisser la taxe de séjour, dès l'expiration de la validité de l'autorisation précédente, et jusqu'à la promulgation du nouveau décret.

EXEMPLE DE DÉCRET AUTORISANT, DANS UNE STATION DE TOURISME, LA PERCEPTION DE LA TAXE DE SÉJOUR POUR UNE NOUVELLE DURÉE DE DEUX ANS.

RÉPUBLIQUE FRANÇAISE.

MINISTÈRE DES TRAVAUX PUBLICS.

DÉCRET.

Le Président de la République française,

Sur le rapport du Ministre des travaux publics,

Vu le décret du 19 août 1921, qui a érigé la commune de S... en station de tourisme et a institué dans cette station une Chambre d'industrie touristique,

Vu le décret du 23 novembre 1922 qui a autorisé pour une durée de deux ans la perception de la taxe de séjour dans ladite station.

Vu la délibération du Conseil municipal en date du 16 mars 1924 demandant la prorogation de l'autorisation de percevoir la taxe de séjour dont le produit servirait pour partie à gager un emprunt à contracter en vue de l'exécution de travaux d'adduction d'eau potable,

Vu la délibération de la Chambre d'industrie touristique en date du 24 janvier 1924,

Vu l'avis du Conseil d'administration de l'Office National du Tourisme en date du 24 juin 1924,

Vu les autres pièces du dossier,

Vu la loi du 24 septembre 1919 et le décret du 4 mai 1920, modifié par le décret du 30 mai 1923,

La Section des travaux publics, de l'agriculture, du commerce, de l'industrie, des postes et des télégraphes, du travail et de la prévoyance sociale du Conseil d'État entendue,

Décrète :

Article 1er. Est autorisée, pour une nouvelle durée de deux ans, la perception de la taxe de séjour dans la station de tourisme de S..., dont l'établissement a été autorisé par le décret du 23 novembre 1922.

Cette taxe de séjour continuera à être perçue, du 1er juin au 15 octobre de chaque année, suivant le tarif ci-après :

		PAR PERSONNE ET PAR JOUR.
		francs.
Hôtels et maisons	hors classe	2 00
—	1re catégorie	1 50
—	2e catégorie	1 00
—	3e catégorie	0 60
—	4e catégorie	0 30
—	5e catégorie	0 10

Ces tarifs ne comprennent pas la taxe additionnelle.

La taxe est due à partir du jour de l'arrivée; la durée de perception de la taxe est au maximum de 28 jours.

Art. 2. Ne sont pas passibles de la taxe :

1° Les enfants au-dessous de 7 ans;

2° Les personnes qui justifient qu'elles viennent temporairement dans la station pour l'exercice de leur profession;

3° Les fonctionnaires et agents de l'État ou du Département appelés temporairement dans la station pour l'exercice de leurs fonctions.

Art. 3. Sont maintenues en faveur des membres des familles nombreuses, porteurs de la carte d'identité strictement personnelle qui leur est délivrée en vertu de la loi du 29 octobre 1921, les réductions ci-après :

Pour les membres des familles comptant.	3 enfants	30 p. 100.
	4 enfants.....	40
	5 enfants..............	50
	6 enfants..............	60
	7 enfants et plus.	70

Art. 4. Le produit de la taxe sera affecté pour un cinquième à l'acquit des dépenses énumérées à l'article 19 du décret du 4 mai 1920 modifié par celui du 30 mai 1923.

Les quatre autres cinquièmes seront mis en réserve pour être employés ultérieurement à l'exécution de travaux d'adduction d'eau potable conjointement avec le produit de l'emprunt que le Conseil municipal de S... entend contracter ainsi qu'il résulte de sa délibération susvisée du 16 mars 1924.

Les frais de fonctionnement de la Chambre d'industrie touristique seront prélevés sur ces deux fractions du produit de la taxe proportionnellement à leur importance respective.

Si lesdits frais venaient à être augmentés, le complément en serait exclusivement prélevé sur le premier cinquième du produit de la taxe.

Art. 5. Le Ministre des travaux publics est chargé de l'exécution du présent décret qui sera publié au *Journal officiel* et inséré au *Bulletin des lois.*

Fait à Rambouillet, le 31 août 1924.

Signé : Gaston DOUMERGUE.

Par le Président de la République :

Le Ministre des travaux publics,

Signé : Victor PEYTRAL.

TITRE III.

FONCTIONNEMENT DE LA STATION DE TOURISME.

CHAPITRE PREMIER.

LA CHAMBRE D'INDUSTRIE TOURISTIQUE.

COMPOSITION DE LA CHAMBRE.

Nous avons exposé dans le titre II la procédure à suivre pour constituer la Chambre d'industrie touristique et la mettre en état de délibérer (*supra*, p. 23).

Il est utile néanmoins de rappeler ici la composition de cet organisme, qui comprend toujours pour moitié des membres de droit, et pour moitié des membres élus pour quatre ans, exerçant tous leurs fonctions gratuitement.

Lorsque la station ne s'étend que sur une commune ou sur une fraction de commune, les membres de droit sont au nombre de 10, savoir :

1° Le préfet ou son représentant, *président;*

2° L'ingénieur en chef des ponts et chaussées du département;

3° Le directeur du bureau d'hygiène de la commune:

4° L'agent voyer du canton;

5°, 6°, 7° Trois membres désignés par le préfet, dont deux au moins appartenant aux associations de tourisme de la région;

8° Le maire de la commune;

9°, 10° Deux délégués du conseil municipal.

Lorsque la station s'étend à plusieurs communes, si un syndicat a été constitué conformément aux articles 169 et suivants de la loi du 5 avril 1884, ce syndicat désigne en outre deux délégués pour le représenter à la Chambre d'industrie touristique, qui comprend déjà le maire et deux délégués des conseils municipaux de chacune des communes syndiquées (art. 15 de la loi, *infra*, p. 103).

Si, au contraire, les communes ont constitué une conférence intercommunale (art. 117 de la loi du 5 avril 1884), elles sont seulement représentées à la Chambre par le maire et les deux délégués de chaque conseil municipal (art. 88 du décret, *infra*, p. 135).

Dans ces deux cas, le nombre des membres élus est augmenté de façon à toujours former la moitié du total.

Ces membres élus doivent représenter les professions désignées par le décret créant la Chambre, professions parmi lesquelles figurent nécessairement celles d'hôteliers, logeurs et restaurateurs, directeurs d'agences de tourisme, entrepreneurs de transport des voyageurs, commerçants vendant principalement des articles de sport ou de tourisme et, s'il existe dans la station des associations ou syndicats d'initiative constitués en vue du développement ou de l'amélioration des stations, les membres affiliés depuis plus d'un an à ces groupements (art. 52 du décret, *infra*, p. 123).

Pour le détail des opérations électorales, nous renvoyons aux articles 26 à 34 et 53 du décret (*infra*, p. 115).

FONCTIONNEMENT ET ATTRIBUTIONS DE LA CHAMBRE.

Les prescriptions relatives aux réunions de la Chambre d'industrie touristique sont contenues dans les articles 35, 36 et 53 du décret, auxquels on voudra bien se reporter (*infra*, p. 117).

La Chambre a pour mission principale de veiller à l'utilisation régulière des sommes provenant de la taxe de séjour.

Elle connaît donc de toutes les questions qui s'y rapportent, et doit soit les approuver, soit formuler à leur égard des observations qu'elle adresse au préfet :

Demande d'autorisation de percevoir la taxe de séjour;

Fixation des tarifs de la taxe;

Classement des hôtels et villas dans les catégories;

Affectation du produit de la taxe;

Emprunt gagé sur la taxe;

Projets de travaux d'assainissement, d'embellissement ou d'amélioration des conditions d'accès, de séjour, d'habitation et de circulation;

Exécution de ces travaux;

États de prévision et comptes communaux de la taxe;

Modifications du régime de la taxe (renouvellement d'autorisation de percevoir, relèvement de tarifs, changement de catégories de certains établissements, etc.).

En outre des pièces comptables que nous examinerons plus loin (chap. III, *infra*, p. 87) la Chambre d'industrie touristique doit remettre chaque année avant le 31 décembre, au préfet, qui les transmet lui-même à l'Office national du tourisme, un compte rendu général de ses travaux, ainsi que son avis motivé sur le produit et l'emploi de la taxe de séjour.

Enfin, elle peut émettre, sur toutes les questions intéressant la station, des vœux que le préfet doit transmettre dans un délai de trois mois à l'Office national du tourisme (décret, art. 37 et 38, *infra*, p. 118).

Comme l'indique la loi dans son article 15, la Chambre d'industrie touristique est un *établissement public*.

Comme telle, elle jouit de la personnalité civile, elle a son individualité, sa vie propre, et par suite, elle *peut posséder*. Elle fonctionne comme tous les établissements publics, tels que les hospices et bureaux de bienfaisance, elle peut acquérir et recevoir des dons ou legs.

CHAPITRE II.

PERCEPTION DE LA TAXE DE SÉJOUR.

OPÉRATIONS PRÉALABLES D'ORDRE MUNICIPAL.

Une fois le décret autorisant la perception de la taxe promulgué, il ne reste plus qu'à organiser dans la commune même les différentes parties du service qui sera chargé de recueillir directement ou indirectement l'argent entre les mains des touristes eux-mêmes et de le transmettre à la caisse du receveur municipal.

L'affaire étant d'ordre strictement communal et l'administration supérieure n'ayant plus dès lors à intervenir, sinon pour approbation des décisions prises, il importe que le maire adopte toutes les dispositions nécessaires pour que la station bénéficie rapidement et intégralement de ses nouvelles ressources.

I. Classement des établissements dans les catégories.

Si la chose n'a pas encore été faite, le maire arrête, sur la proposition de la Chambre d'industrie touristique, la répartition des hôtels, villas et maisons meublées entre les diverses catégories prévues par le décret instituant la taxe de séjour dans la station (Voir *supra*, p. 52 et suivantes).

Cette répartition tiendra compte à la fois de la situation, du confort de chaque établissement, et des prix qui y sont pratiqués, les circonstances locales devant d'ailleurs primer à cet égard les directives d'ordre général qui pourraient être données ici.

II. Affichage du tarif.

Aux termes de l'article 6 du décret (*infra*, p. 110) le tarif de la taxe de séjour doit être affiché en permanence à la porte de la mairie, ainsi que dans tous les hôtels, villas et maisons meublées où sont reçues en logement les personnes étrangères à la commune; il est tenu en outre à la disposition de toute personne désirant en prendre connaissance au secrétariat de la mairie.

Il importe que l'apposition de ces affiches soit faite d'une façon très apparente. Trop souvent, elles sont intentionnellement dissimulées aux yeux des touristes : c'est une faute grave.

La Municipalité, comme la Chambre d'industrie touristique, doivent veiller à l'application stricte de la loi. Aucune surprise ne doit être ménagée, aucun doute ne doit exister sur l'utilité de l'application d'une taxe qui doit directement et ouvertement profiter aux touristes.

On évitera, en général, de désigner nominativement dans cette affiche les établissements classés dans les diverses catégories.

Il est indispensable cependant que, dans chaque hôtel tout au moins, les voyageurs soient informés officiellement des sommes exactes dont ils sont redevables.

A côté de l'affiche réglementaire, il sera donc généralement opportun d'imiter ce qu'ont déjà fait certaines stations, et d'établir des barèmes indiquant la somme globale, y compris la taxe additionnelle, à acquitter suivant le nombre de journées passées, et même suivant les atténuations de 30 à 70 p. 100 accordées aux familles nombreuses.

En prévoyant un barème distinct pour chacune des catégories, et en prescrivant à chaque hôtel d'afficher le barème concernant la catégorie à laquelle il est rattaché, à côté de l'affiche générale reproduisant l'ensemble des tarifs de la station, il sera donné satisfaction à la fois aux dispositions du décret et aux légitimes exigences des redevables.

III. Fourniture du registre de la taxe.

Sans parler des diverses fournitures [1] nécessaires au fonctionnement de la station, de la chambre d'Industrie Touristique et de la taxe de

[1] La maison Berger-Levrault, 136, boulevard Saint-Germain, à Paris, et 18, rue des Glacis, à Nancy, qui a édité une série très complète des imprimés utiles au fonctionnement des stations de tourisme et à la perception de la taxe de séjour, envoie sur demande le catalogue les concernant.

séjour, le décret (art. 7, *infra*, p. 110) prévoit que le maire remettra gratuitement aux hôteliers, logeurs ou propriétaires, un registre spécial coté et paraphé par lui.

Ce registre est appelé à recevoir les indications relatives aux noms, domiciles et dates d'arrivée et de départ des personnes logées, aux motifs d'exemption et d'atténuation invoqués, et enfin au montant des sommes encaissées au titre de la taxe de séjour, avec la date (art. 7 et 9 du décret, *infra*, p. 110).

Un certain nombre de ces indications devant déjà figurer sur le registre de police, le ministre de l'intérieur, sur la demande de l'Office National du Tourisme, a par circulaire du 24 février 1926 (*infra*, p. 147) autorisé sous diverses réserves les hôteliers des stations de tourisme à ne tenir qu'un registre unique de police et de taxe de séjour.

Ces registres sont remis contre récépissé aux logeurs, qui doivent, dès qu'ils sont remplis, les échanger à la mairie contre de nouveaux exemplaires.

PERCEPTION PAR LES LOGEURS.

La taxe de séjour doit être perçue en même temps que le prix de location des chambres, appartements ou villas.

Le montant en est inscrit immédiatement sur le registre spécial susvisé sur la même ligne que les noms, domiciles, dates d'arrivée et de départ de la personne logée.

Lorsque celle-ci justifie de l'un des motifs d'exemption ou d'atténuation prévus dans la station, mention en est faite dans la colonne à ce réservée, de façon que chaque ligne du registre accuse, soit la perception de la taxe complète, soit la cause de la non-perception ou de la perception incomplète.

Vis-à-vis des voyageurs dans la plupart des cas, l'hôtelier porte le montant de la taxe de séjour au bas de sa propre note, et en donne quittance en même temps.

Dans certaines stations toutefois, la municipalité remet aux logeurs, en outre du registre réglementaire, un carnet de reçus à souches portant le cachet de la mairie, chaque perception devant donner lieu à la délivrance d'un reçu détaché de ce carnet.

Ce procédé n'a pas toujours de bons résultats puisque le contrôle de la concordance des chiffres portés sur la souche et sur le reçu emporté (ou abandonné) par le voyageur, est pratiquement impossible.

Mieux vaut donc à notre avis s'en tenir à la tenue du registre, qui devra seulement être soumis à des vérifications fréquentes et rigoureuses opérées sur place par un agent qualifié, distinct du collecteur de la taxe, lequel exerce un premier contrôle, du fait même de ses fonctions.

L'article 13 du décret (*infra*, p. 111) prévoit en outre la remise annuelle du registre à la mairie à la date fixée par le maire, aux fins d'examen.

Il y a lieu d'attirer l'attention des logeurs, hôteliers et particuliers, sur la responsabilité (découlant de l'art. 4 de la loi) qui leur incombe en la matière, notamment dans les deux cas suivants :

Lorsque le payement du loyer est différé, même d'accord entre les parties, la taxe de séjour doit être néanmoins perçue avant le départ des assujettis (art. 9 du décret, *infra*, p. 110);

Lorsqu'un voyageur a quitté furtivement l'établissement, le logeur doit en aviser aussitôt le maire et déposer entre ses mains une demande en exonération adressée au juge de paix qui doit en être saisi dans les vingt-quatre heures par le maire (art. 10 du décret : voir *infra*, p. 85, le paragraphe consacré aux «Contestations, fraudes, poursuites, pénalités»).

DISPOSITIONS SPÉCIALES AUX LOCATIONS PARTICULIÈRES.

Les personnes qui, dans les stations de tourisme, ont l'intention de louer tout ou partie de leur habitation personnelle pendant la saison touristique à des étrangers à la station, sont astreintes à en faire la déclaration à la mairie (art. 8 du décret, *infra*, p. 110).

Les hôteliers, soumis en droit commun à l'obligation de déclarer leur commerce, n'ont pas à produire une déclaration spéciale dans les stations de tourisme.

Bien que, officiellement, la perception de la taxe doive être opérée de façon identique, c'est-à-dire au moment du payement du loyer, dans les hôtels d'une part, dans les villas et maisons meublées de l'autre, nous ne pouvons paraître ignorer que, dans la plupart des stations, il n'en est nullement ainsi.

Pratiquement, le propriétaire de villa couvre sa responsabilité en avisant le maire de la location qu'il vient d'effectuer, et du nombre, parfois approximatif, des personnes qui logent chez lui.

L'agent collecteur se rend sur place, muni de ces premiers renseignements qu'il essaie de compléter, et perçoit directement le montant de la taxe de séjour des mains du redevable.

Cet usage, contre lequel il serait sans doute vain de vouloir s'élever, ne présente que peu d'inconvénients lorsque des indications très précises sont exigées du propriétaire, que les sanctions prévues par la loi laissent rarement indifférent, à condition, bien entendu, qu'elles lui soient signalées. Sinon, il est à craindre que l'agent collecteur ne rencontre de sérieuses difficultés, au cours d'une enquête forcément rapide, pour établir les bases de la perception.

Pour tourner la difficulté, quelques stations ont établi un tarif forfaitaire d'après lequel la taxe de séjour est fixée pour chaque villa suivant son prix de location, ou son nombre de lits.

Ce régime apparaît contraire aux prescriptions légales actuellement en vigueur; en effet l'article 12 de la loi stipule que «le tarif de la taxe est établi par personne et par jour...; il peut être basé sur la nature et le prix de location des locaux occupés...»

Cela signifie que l'importance de la taxe peut être proportionnée à l'importance du prix de location, c'est-à-dire varier selon les catégories.

Mais cela ne veut pas dire, comme le croient les municipalités qui ont adopté le système forfaitaire, que la taxe puisse être due autrement que «par personne et par jour».

Au surplus, on peut redouter qu'en définitive le rendement de la taxe de séjour ne se trouve pas amélioré par cette méthode.

Dans le cas assez fréquent par exemple, où la même villa fait l'objet d'une sous-location, ou de plusieurs locations successives au cours de la même saison, les séjournants qui se remplacent payent, sous le régime normal, vingt-huit journées de taxe chacun, en supposant qu'ils y demeurent au moins pendant ce laps de temps. Sous le régime forfaitaire, au contraire, le propriétaire versera au collecteur la somme convenue, qui sera en général fixée à un chiffre inférieur au produit du nombre de lits multiplié par vingt-huit journées, et cela une seule fois pour toute la saison.

Quant au séjournant, il est très probable que le propriétaire au bout de peu de temps lui proposera d'englober la taxe de séjour dans un prix de location «arrondi».

En définitive, le forfait risque donc de faire payer plus au touriste, et de faire encaisser moins à la station : il est au surplus illégal.

Une autre question spéciale aux villas et meublés est celle des parents et amis reçus à titre gratuit. Bien que la loi (art. 12) paraisse les soumettre eux aussi à la taxe de séjour, en tant que personnes non domiciliées dans la commune, il est de fait que le décret n'astreint les propriétaires à la déclaration que s'ils ont l'intention de «louer» (art. 8).

On ne «loue» pas à des amis, et si l'habitant qui en reçoit à son domicile n'est pas forcé de le déclarer, ni par conséquent de tenir un registre, comment peut-on l'obliger à leur faire payer la taxe de séjour qui, dit l'article 9, est perçue en même temps que le loyer?

Si l'administration admet donc que les amis et parents ne soient pas considérés comme assujettis, il est nécessaire en revanche qu'un contrôle sévère soit exercé pour éviter que sous ce titre ne soient logés des pensionnaires qui, étrangers à la famille, lui procurent de véritables revenus assimilables à un loyer. Ce contrôle pourra s'appuyer utilement sur celui qu'effectuent d'une façon générale les services fiscaux relevant du ministère des finances qui, plus intéressés encore que le service de la taxe de séjour à la question, disposent aussi de sanctions plus efficaces.

SERVICE DE COLLECTION.

Ce service n'est pas prévu par la loi elle-même, dont l'article 13 prescrit seulement que «la taxe sera perçue par l'intermédiaire des logeurs, hôteliers et propriétaires, et versée par eux, et sous leur responsabilité, dans la caisse des receveurs municipaux».

Mais les articles 11 et 12 du décret (*infra*, p. 111) ont complété cette disposition, afin que la caisse municipale, au lieu d'attendre les versements, se rende à domicile pour les y recevoir, en la personne de certains préposés spéciaux.

L'organisation de ce service varie bien entendu beaucoup suivant l'importance touristique de la station. Dans telle petite localité peu fréquentée, il suffira de charger un employé municipal d'exécuter ce travail en outre de ses fonctions normales, alors que dans telle grande ville à mouvement de voyageurs important, il faudra créer de toutes pièces un service complet, avec agents actifs accomplissant leurs tournées par quartiers ou par catégories d'établissements, et agents sédentaires pour le contrôle des pièces, la tenue de la comptabilité et les diverses opérations de bureau nécessaires.

Dans tous les cas, il appartient au maire :

1° D'arrêter l'organisation générale de ce service, de façon à respecter les prescriptions réglementaires énoncées à l'art. 11 du décret (*infra*, p. 111);

2° De désigner les agents collecteurs, qui seront commissionnés et prêteront serment;

3° De fixer le cautionnement à leur faire verser (au moins 200 fr.), même s'ils sont employés d'octroi (sauf les receveurs);

4° De fixer l'époque et la fréquence (au moins tous les dix jours dans les hôtels et maisons meublées) des tournées qu'accompliront ces agents, tournées au cours desquelles ils devront :

a. Vérifier le registre de la taxe de séjour ;

b. Encaisser les sommes touchées à ce titre depuis la tournée précédente ;

c. En donner décharge, d'une part par mention apposée dans la colonne spéciale dudit registre, et d'autre part, par la délivrance d'un reçu détaché d'un carnet dont les souches, sur lesquelles sera reproduite l'indication des sommes perçues, appuieront les versements faits par l'agent à la caisse du receveur municipal.

Nous avons déjà indiqué, à propos de l'affectation du produit de la taxe de séjour (*supra*, p. 56), que les frais de perception peuvent être prélevés sur ce produit, dans la limite de 5 p. 100 pour la première tranche de 100,000 francs et de 3 p. 100 pour le surplus.

C'est donc en tenant compte de ce pourcentage que devra être fixée la rémunération des agents collecteurs, et par là que sera déterminé leur mode de recrutement. Selon l'importance de la station et du rendement de la taxe, on utilisera par conséquent, soit des agents permanents incorporés après concours dans le cadre des employés municipaux, avec les divers avantages que cela peut comporter (statut, retraites), soit des préposés appartenant déjà à des services communaux (octroi, voirie, gardes-champêtres, agents du secrétariat de la mairie), soit des auxiliaires tels que retraités, secrétaires de syndicat d'initiative ou de bureau de renseignements, petits commerçants, gardiens d'édifices ou de promenades, etc.

CONTESTATIONS, FRAUDES, POURSUITES, PÉNALITÉS.

Les cas dans lesquels des poursuites judiciaires ont été exercées sont restés jusqu'ici extrêmement rares.

Par contre, il surgit presque chaque jour, dans les stations qui perçoivent la taxe de séjour, des contestations de peu d'importance, mais qui, par leur répétition, ont en fin de saison, une influence certaine sur le produit global de la taxe, selon le sens dans lequel elles sont résolues.

Il est donc essentiel que la municipalité veille attentivement sur cette question, afin d'éviter toute surprise et notamment des différences redoutables entre les prévisions de rendement et le produit net perçu.

Les contestations les plus fréquentes proviennent des exemptions ou atténuations dont le bénéfice est réclamé sans justification suffisante.

Le décret (art. 14, *infra*, p. 112) édicte que l'assujetti, s'il conteste le montant de la taxe qui lui est réclamée, doit néanmoins l'acquitter, sauf à en obtenir le remboursement devant le juge de paix.

Mais pratiquement l'assujetti, quittant en général la station un instant plus tard, fait valoir dans la plupart des cas qu'en s'acquittant il renonce à l'espoir d'être remboursé et, en fait, c'est trop souvent l'hôtelier lui-même ou son préposé qui prend instantanément la responsabilité d'admettre ou de rejeter la réclamation.

Des «fuites» importantes peuvent se produire par cette voie, même si, comme c'est la règle générale, l'hôtelier fait preuve de la plus consciencieuse vigilance dans la défense des intérêts de la station.

La multiplication des opérations de contrôle du registre s'impose donc ; elle seule permet de relever les irrégularités et d'y parer s'il y a lieu.

Dans le cas où ces vérifications laisseraient apparaître, de la part de certains tenanciers, une tendance marquée à des exonérations insuffisamment motivées ou même systématiques, la surveillance devrait être modifiée et le maire ne devrait pas hésiter à utiliser tous les moyens légaux pour mettre fin à une telle situation.

Les contestations portées sur le terrain judiciaire et les poursuites engagées sont traitées suivant les règles, formes et délais prévus en matière d'octroi (décret, art. 14, *infra*, p. 112).

Les infractions sont constatées par des procès-verbaux dressés par les officiers de police judiciaire, les agents collecteurs assermentés ou les agents des contributions indirectes (art. 15).

Les pénalités encourues, au minimum égales au montant des taxes dont la commune a été privée, peuvent s'élever au triple en cas de fraude et au double dans les autres cas, sans préjudice des restitutions ordonnées (art. 16).

CHAPITRE III.

COMPTABILITÉ DU PRODUIT DE LA TAXE DE SÉJOUR.

Nous croyons devoir insister sur la nécessité de tenir les comptes relatifs à l'emploi du produit de la taxe de séjour, d'une manière rigoureusement conforme aux prescriptions réglementaires.

Les stations de tourisme ne doivent jamais perdre de vue en effet que l'autorisation de percevoir la taxe ne leur est accordée qu'à titre temporaire, et qu'elles ne pourront en obtenir le renouvellement qu'à la condition de justifier, grâce à une comptabilité en règle, que le produit de la taxe a bien reçu la destination générale exigée par la loi et l'affectation spéciale prévue par le décret d'autorisation.

La plupart des stations fournissent incomplètement et trop tardivement les comptes administratifs communaux de la taxe de séjour, les comptes des recettes et dépenses de la chambre d'industrie de l'année précédente, ainsi que les projets de budgets des chambres d'industrie de l'année suivante.

Il est absolument nécessaire de fournir ces états dès le 1er juillet de chaque année.

En n'observant pas cette règle, les municipalités risquent de ne pas recevoir à temps l'approbation de ces états et elles ne permettent pas à l'Office National du Tourisme de faire, avant la fin de l'année, le rapport spécial sur l'emploi de la taxe au cours de l'année précédente dans les stations de tourisme, prescrit par l'article 77 du décret.

D'autre part, certaines stations établissent irrégulièrement et incomplètement ces comptes qui doivent être, pour le ministre, des pièces justificatives et explicatives, par conséquent controlées par le préfet du départe-

ment auquel, en sa qualité de tuteur, il appartient de veiller à ce que les recettes provenant de la taxe aient l'affectation nettement spécialisée prévue par la loi du 24 septembre 1919 (art. 10).

Ces pièces justificatives doivent être détaillées et précises afin de permettre d'apprécier l'utilité des travaux entrepris pour le développement des stations et être adressées à l'Office National du Tourisme en triple exemplaire (1 pour le ministre, 1 pour l'Office National du Tourisme, 1 pour retour à la commune).

Deux séries de budgets et de comptes doivent être établies : ceux de la commune et ceux de la chambre d'industrie.

COMPTABILITÉ COMMUNALE.

Dans le budget de la commune, les recettes et les dépenses de la taxe de séjour sont inscrites à un article unique.

Cet article est justifié et développé par les deux pièces suivantes qui, chaque année, sont annexées au budget de l'exercice qu'elle concernent :

1° L'état de prévision des recettes et dépenses de la taxe;

2° Le compte administratif de la taxe.

1° État de prévision des recettes et dépenses.

(Art. 17 à 19 et 50 du décret, *infra*, p. 112.)

a. L'état de prévision est préparé par le maire et comprend :

En recettes,

Le produit de la taxe de séjour,

Le montant des pénalités;

En dépenses,

Les frais de perception,

Les frais de fonctionnement de la chambre d'industrie.

Les dépenses afférentes aux travaux d'assainissement, d'embellissement, d'amélioration des conditions d'accès, de séjour, d'habitation ou de circulation, s'ils sont exécutés par la commune elle-même.

Les subventions allouées à la chambre d'industrie touristique en vue d'exécuter lesdits travaux s'ils lui ont été concédés.

b. L'état est soumis à la chambre d'industrie qui doit donner son avis dans une réunion tenue obligatoirement au cours de la saison.

c. L'état est voté par le conseil municipal.

d. L'état de prévision est transmis, avec l'avis de la Chambre d'industrie, au Préfet, qui l'approuve si le produit de la taxe est intégralement affecté aux dépenses prévues, conformément à la loi, par le décret autorisant la station à percevoir la taxe de séjour.

Voir page 91, un exemple de cet état de prévision.

2° Compte administratif communal.

(Art. 20 et 50 du décret, *infra*, p. 113.)

a. Le compte administratif de la taxe, reproduisant toutes les recettes et dépenses[1] effectuées à ce titre au cours de l'année, est soumis par le maire à l'examen de la chambre d'industrie touristique.

b. Le compte est approuvé par le conseil municipal, en même temps que les comptes administratifs concernant l'ensemble des services communaux.

[1] Dans le cas, par exemple, où une station, nouvellement autorisée, n'a encore effectué aucune dépense au titre de la taxe, il doit y avoir eu néanmoins des opérations de recettes et le maire doit en conséquence produire son compte administratif de la taxe qui comportera :

1° En recettes, les encaissements effectués ;

2° En dépenses, la mention «néant» ;

3° En excédent, à la clôture de l'exercice, une somme égale aux recettes à reporter à l'exercice suivant.

c. Le compte administratif est envoyé au préfet, qui le transmet, avec son avis, à l'Office National du Tourisme (art. 77 du décret, *infra*, p. 130).

d. Le compte, après avis du Conseil d'administration de l'Office National du Tourisme, est réglé par le ministre des travaux publics.

D'autre part, un état certifié par le maire et portant indication précise de l'emploi du produit de la taxe de séjour au cours de l'année précédente, doit être obligatoirement affiché pendant toute la durée de la saison à la mairie et dans les hôtels, ainsi qu'au siège du syndicat d'initiative et au bureau de renseignements s'il en existe dans la station.

COMPTABILITÉ DE LA CHAMDRE D'INDUSTRIE TOURISTIQUE.

a. La chambre d'industrie doit établir dans les six mois de chaque année :

Un projet de budget pour l'année suivante, dressé conformément aux prescriptions des articles 38 et 40 du décret (*infra*, p. 118).

Le compte rendu des recettes et des dépenses de l'année précédente (art. 39 du décret).

b. Ces deux pièces sont soumises pour avis au conseil municipal.

c. Elles sont envoyées, avec l'avis du conseil municipal et justifications à l'appui, au préfet.

d. Le préfet les transmet à l'Office National du Tourisme qui les fait approuver par le ministre des travaux publics (art. 77 du décret, *infra*, p. 130).

ATTRIBUTIONS DU RECEVEUR MUNICIPAL.

En tant que *comptable de la commune*, le receveur municipal encaisse les sommes qui lui sont apportées par le ou les agents collecteurs.

Il lui appartient d'exiger à cet égard toutes justifications utiles, et notamment des bordereaux de perception complétant les souches de quittances prescrites par le décret (art. 11).

Il y a un intérêt évident à ce que les agents collecteurs lui fassent des versements aussi fréquents que possible, afin de diminuer les risques courus par ces agents qui n'ont pas toujours à leur disposition le moyen de conserver en sûreté les sommes dont ils se trouvent détenteurs.

Aussitôt l'encaissement opéré, le receveur fait la ventilation entre le principal de la taxe, qui appartient à la commune, et la taxe additionnelle qu'il inscrit à un compte spécial.

Les fonds ainsi recueillis sont versés mensuellement à la caisse du trésorier-payeur général, qui les transmet à l'Office National du Tourisme, par l'intermédiaire de la caisse centrale du Trésor public (décret, art. 83, *infra*, p. 133).

Par ailleurs, le receveur municipal est de droit *comptable de la chambre d'industrie* (art. 35 et 53 du décret, *infra*, p. 117).

A ce titre, il effectue toutes les opérations de caisse de cet organisme, et il est appelé à dresser les pièces comptables que nous avons étudiées à la page précédente.

EXEMPLE
D'UN ÉTAT DE PRÉVISION DES RECETTES ET DES DÉPENSES RELATIF À L'EMPLOI DE LA TAXE DE SÉJOUR[1].

RECETTES.

Art. 1er. Produit de la taxe de séjour........................

Art. 2. Pénalités (art. 16 et 50 du décret)........................

[1] État établi par le maire, voté par le conseil municipal, soumis pour avis à la chambre d'industrie, approuvé par le Préfet (*supra*, page 88).

L'exemple ci-dessus comprend à peu près tous les articles de dépenses conformes à l'esprit de la loi, et pouvant figurer dans un tel état.

Bien entendu, chaque commune n'est pas obligée de les prévoir tous.

DÉPENSES.

ART. 1er. FRAIS DE PERCEPTION (sous réserve des prescriptions de la circulaire ministérielle du 16 novembre 1923) :

Imprimés..

Registres..

Traitements et indemnités des collecteurs et agents chargés du contrôle

ART. 2. FRAIS DE FONCTIONNEMENT DE LA CHAMBRE D'INDUSTRIE TOURISTIQUE :

Loyer, chauffage, éclairage (s'il y a lieu)........................

Personnel..

Frais de correspondance..

Téléphone..

Assurances..

Imprimés..

ART. 3. DÉPENSES PRÉVUES À L'ARTICLE 10 DE LA LOI DU 24 SEPTEMBRE 1919.

Intérêts et amortissement des emprunts autorisés..................

Travaux d'hygiène :

Adduction d'eau..

Épuration des eaux..

Égouts..

Assainissement général..

Études, plans et devis..

Travaux d'embellissement, amélioration des conditions d'accès, d'habitation, de séjour ou de circulation

Participation aux travaux du syndicat d'initiative..................

Fonctionnement du bureau de renseignements..................

Aménagements touristiques..

Extension des parcs et promenades..

Entretien des monuments et des sites........................
Circulation.....................................
Signalisation...................................
Éclairage.......................................
Surveillance des promenades.........................
Sécurité des touristes.............................
Liste des étrangers................................
Fêtes et concours (circulaire du 16 novembre 1923)..............
Publicité par guides, dépliants, annonces, etc..................
Publicité en commun avec les hôteliers.....................
Études, plans et devis..............................
Subventions diverses...............................

Art. 4. Subvention à la Chambre d'Industrie Touristique (pouvant aller jusqu'à l'attribution complète du produit de la taxe de séjour dans la station, art. 15 de la loi, 38 et 53 du décret).

La Chambre d'Industrie Touristique affecte le produit de cette subvention aux travaux énumérés à l'article 3 ci-dessus, lorsqu'ils lui ont été concédés en totalité ou en partie, par la municipalité.

RÉCAPITULATION.

Recettes..............................

Dépenses..............................

Excédent à reporter à l'exercice suivant.........

CHAPITRE IV.

LA TAXE ADDITIONNELLE ET L'OFFICE NATIONAL DU TOURISME.

TAUX ET DESTINATION DE LA TAXE ADDITIONNELLE.

La taxe additionnelle a été établie par l'article 18 de la loi, qui en a fixé le taux à 10, 15 ou 20 p. 100, suivant que le produit global de la taxe principale au cours de l'année précédente, s'est trouvé inférieur à 20,000 francs, compris entre 20,000 et 50,000 francs, ou supérieur à 50,000 francs.

La première année de perception, le taux est uniformément de 15 p. 100 (*infra*, p. 105).

Nous l'avons dit à propos de la fixation des tarifs, la taxe additionnelle n'est jamais englobée dans les tarifs de base demandés par la station et arrêtés par le décret d'autorisation, qui n'en fait pas mention.

Au début de chaque année, le ministre des travaux publics fixe par arrêté, sur la proposition du conseil d'administration de l'Office National du Tourisme, le taux de la taxe additionnelle à percevoir dans chaque station (décret, art. 82, *infra*, p. 133).

Aux termes de l'article 19 de la loi (*infra*, p. 105) le produit de la taxe additionnelle perçue dans les stations de tourisme est acquis à l'Office National du Tourisme, les sommes encaissées au même titre dans les stations hydrominérales et climatiques devant par contre, à concurrence de 25 p. 100, être versées à l'institut d'hydrologie et de climatologie.

ATTRIBUTIONS ET FONCTIONNEMENT DE L'OFFICE NATIONAL DU TOURISME.

L'article 16 de la loi de 1919, réorganisant l'Office National du Tourisme, qui avait été créé en 1910, l'a chargé :

1° De centraliser et de mettre à la disposition du public les renseignements de toute nature concernant le tourisme sous toutes ses formes ;

2° De rechercher tous les moyens propres à développer le tourisme, de provoquer et, au besoin, de prendre toutes mesures tendant à améliorer les conditions de transport, de circulation et de séjour des touristes ;

3° D'organiser la propagande en France et à l'étranger, aussi bien pour les stations de tourisme que pour les stations hydrominérales et climatiques, et de faire connaître par tous les moyens, l'ensemble des beautés naturelles ou artistiques et des richesses naturelles de la France ;

4° D'encourager et de favoriser par tous les moyens l'amélioration des conditions d'habitation et de séjour dans les stations hydrominérales, climatiques et de tourisme et d'en faciliter l'accès.

L'Office National du Tourisme, qui est investi de la personnalité civile et de l'autonomie financière, est rattaché au ministère des travaux publics, mais administré d'une facon autonome par un conseil qui rassemble, à côté de hauts fonctionnaires appartenant au Conseil d'État et à divers départements ministériels, les représentants des associations de tourisme, des stations de tourisme, des stations hydrominérales et climatiques, des réseaux de chemins de fer et des grandes compagnies de navigation.

Sous l'impulsion de ce conseil, l'Office a pris une part importante aux grandes réalisations qui, dans les dernières années, ont parachevé l'organisation du tourisme en France : la confédération nationale du tourisme et du thermo-climatisme français, l'union des fédérations des syndicats d'initiative, la fédération thermale et climatique française, le conseil central du tourisme international, la chambre nationale de l'hôtellerie, le crédit hôtelier, etc.

L'Office National du Tourisme encourage dans la mesure de ses moyens tous les organismes qui, dans les diverses régions françaises, cherchent à faciliter le tourisme, à le rendre plus accessible et plus agréable.

A l'étranger, l'Office a accompli un effort de grande envergure, qui l'a amené à installer des «Offices Français de Tourisme» et des bureaux de renseignements à Londres, New-York, Barcelone, Genève, Amsterdam, Bruxelles, Copenhague, Vienne, Madrid, Le Caire-Alexandrie, Rio-de-Janeiro, Buenos-Aires, sur les transatlantiques des lignes françaises et jusque dans les ports par lesquels les touristes débarquent en France, sans oublier Paris même.

C'est à ces organismes qu'incombe le soin, par une propagande bien comprise, de faire connaître les ressources touristiques de la France, et d'envoyer les voyageurs étrangers, ainsi que les Français, vers les stations de tourisme.

Des publications éditées en plusieurs langues, par l'Office même, complètent cette propagande qui s'appuie d'autre part sur la masse des documents parus dans toutes les régions et stations françaises et susceptibles d'être utilisés avec profit. Ces documents sont centralisés en quantités aussi importantes que possible à Paris, d'où ils sont répartis entre les bureaux que nous venons de citer, dans la mesure de leur besoins et selon l'importance de la clientèle qu'ils approchent.

Enfin, le présent guide en témoigne, l'Office National du Tourisme, qui a encore pour mission d'instruire les dossiers des communes sollicitant leur classement en stations de tourisme et l'autorisation de percevoir la taxe de séjour, possède un service spécialisé dans l'étude de ces questions, et se tient toujours prêt, lorsque des municipalités y font appel, à leur apporter son aide la plus complète.

Les stations de tourisme qui encaissent la taxe additionnelle pour le compte de l'Office National du Tourisme, sont, on le voit, parmi les premiers bénéficiaires des œuvres d'intérêt collectif qu'elle permet d'accomplir avec la plus souple compétence et dans des conditions qu'aucune initiative individuelle ne parviendrait à réaliser.

Si son produit semble être retiré à ces stations, il est utilisé de manière à leur procurer à toutes l'accroissement de prospérité qui accompagne toujours fidèlement l'augmentation du nombre des touristes.

TITRE IV.

TEXTES OFFICIELS.

LOI DU 24 SEPTEMBRE 1919

PORTANT CRÉATION DE STATIONS HYDROMINÉRALES, CLIMATIQUES ET DE TOURISME, ÉTABLISSANT DES TAXES SPÉCIALES DANS LESDITES STATIONS ET RÉGLEMENTANT L'OFFICE NATIONAL DU TOURISME.

TITRE PREMIER.

Stations hydrominérales et climatiques.

Art. 1er. Les communes, fractions de communes ou groupes de communes qui possèdent sur leur territoire, soit une ou plusieurs sources d'eaux minérales, soit un établissement exploitant une ou plusieurs sources d'eaux minérales, peuvent être érigés en stations hydrominérales.

Les communes, fractions de communes ou groupes de communes qui offrent aux malades leurs avantages climatiques, peuvent être érigés en stations climatiques.

La création de l'une des stations ci-dessus a pour objet de faciliter le traitement des indigents et de favoriser la fréquentation de la station et son développement par des travaux d'assainissement ou d'embellissement.

Un décret rendu en Conseil d'État, sur la proposition du Ministre de l'intérieur et après avis des conseils municipaux, des conseils généraux, des conseils départementaux d'hygiène, de l'académie de médecine, du conseil supérieur d'hygiène publique de France et de la Commission permanente des stations hydrominérales et climatiques de France arrêtera la liste des stations hydrominérales et climatiques.

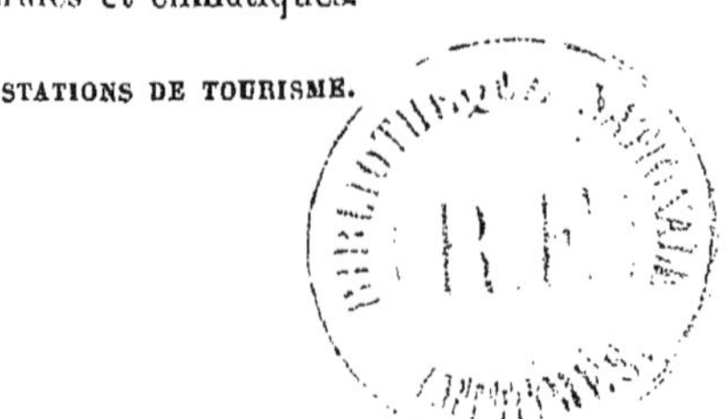

Les communes, fractions de communes ou groupes de communes qui n'auraient pas été compris dans cette liste pourront, en tout temps, réclamer leur inscription auprès du Ministre de l'intérieur. Le même droit appartiendra aux conseils généraux, aux préfets et aux associations déclarées, constituées entre les médecins, propriétaires ou fermiers de sources minérales, hôteliers et logeurs et toutes autres personnes intéressées. Il sera statué sur ces demandes dans les conditions et formes prévues au paragraphe précédent, sauf recours au Conseil d'État statuant en assemblée publique.

L'inscription d'une commune, d'une fraction de commune ou d'un groupe de communes sur la liste des stations hydrominérales ou climatiques pourra être l'objet, de la part des conseils municipaux des communes intéressées, d'un recours au Conseil d'État statuant en assemblée publique.

Art. 2. Dans les stations hydrominérales ou climatiques, les communes sont tenues de percevoir pendant tout ou partie de l'année une taxe spéciale, dite taxe de séjour, dont le produit devra être affecté intégralement aux travaux visés à l'article premier de la présente loi.

Ces travaux peuvent être déclarés d'utilité publique par décret rendu en Conseil d'État.

Les communes peuvent aussi, pour faire face aux dépenses résultant de l'application de la présente loi, être autorisées, dans les mêmes formes, à contracter des emprunts gagés sur les recettes à provenir de la taxe.

Art. 3. La taxe qui est perçue en vertu de l'article 2 est établie sur les personnes non domiciliées dans la commune et n'y possédant pas une résidence à raison de laquelle elles sont passibles de la contribution mobilière.

Le tarif de cette taxe est établi par personne et par jour de séjour; il ne pourra être inférieur à 10 centimes par personne et par jour, ni supérieur à 1 franc[1]; il peut être basé sur la nature et le prix de la location des locaux occupés; il comporte des atténuations à raison soit de l'âge, soit du nombre des personnes d'une même famille; il peut varier suivant les époques de

[1] Article 107 de la loi du 26 mars 1927. «Par dérogation aux articles [3 et] 12 de la loi du 24 septembre 1919, le maximum du tarif de la taxe de séjour, dans les stations hydrominérales, climatiques et de tourisme, fixé à 2 francs par la loi de finances du 31 juillet 1920, est porté à 3 francs par personne et par jour de séjour, jusqu'au 1er janvier 1932.»

la saison. La taxe ne peut être due pour une durée supérieure à quatre semaines.

Sont exemptées de la taxe les personnes bénéficiant des lois d'assistance du 15 juillet 1893, du 14 juillet 1905 et du 14 juillet 1913.

Sont exemptés également les mutilés, les blessés et les malades du fait de la guerre.

Peuvent être exemptées de la taxe les personnes occupant des locaux d'un prix inférieur à un chiffre déterminé, celles qui sont exclusivement attachées aux malades ou celles qui, par leur travail ou leur profession, participent au fonctionnement de la station.

Le tarif, ainsi que les bases d'établissement et les conditions d'application, d'atténuation ou d'exemption sont fixés, pour chaque station, par un décret en Conseil d'État, rendu sur proposition du Ministre de l'intérieur et sur des bases établies par la Commission permanente des stations hydrominérales et climatiques, après enquête et consultation du conseil municipal et de la chambre d'industrie thermale ou climatique, prévue à l'article 7 de la présente loi.

Art. 4. La taxe sera perçue par l'intermédiaire des logeurs, hôteliers et propriétaires, et versée par eux sous leur responsabilité, dans la caisse des receveurs municipaux.

En cas d'infraction aux dispositions fixées conformément à l'article 9, les poursuites auxquelles il y aurait lieu de procéder pour le recouvrement de la taxe seront effectuées selon le mode usité en matière d'octroi; les réclamations seront jugées également comme en matière d'octroi.

Art. 5. Il devra être tenu par les communes ou syndicats de communes un compte spécial du produit et de l'emploi des recettes provenant de la taxe. Ce compte sera publié et transmis à la Commission permanente des stations hydrominérales et climatiques de France.

Les conditions dans lesquelles ce compte sera établi, approuvé et apuré, seront déterminées par un règlement d'administration publique.

Art. 6. Les dispositions de la présente loi sont applicables aux communes qui auront été autorisées à se constituer en syndicats de communes par application de la loi du 22 mars 1890, en vue d'obtenir la création d'une station hydrominérale ou climatique intercommunale.

Art. 7. Dans chaque station hydrominérale ou climatique, il sera institué, ar décret en Conseil d'État, un établissement public sous le nom de «chambre d'industrie thermale ou climatique».

Cette chambre sera composée pour moitié de membres élus par les personnes appartenant aux catégories de professions intéressées au développement de la station et désignées par le décret constitutif.

Les autres membres seront : le préfet ou son représentant, président; l'ingénieur des mines de la circonscription, ou l'ingénieur des ponts et chaussées, s'il s'agit d'une station climatique; le directeur du bureau d'hygiène; l'agent voyer du canton; trois membres désignés par le préfet, dont deux médecins exerçant la profession dans la station; le maire de la commune et deux délégués du conseil municipal et, si la station appartient à un syndicat, deux délégués du syndicat.

Le décret constitutif répartira les places réservées aux membres élus entre les diverses catégories de professions qui devront être représentées dans cet établissement public.

La chambre d'industrie thermale ou climatique sera nécessairement appelée à donner son avis sur les projets de travaux visés à l'article premier, entrepris par les communes, sur les demandes tendant à l'établissement de la taxe et sur les emprunts qui doivent être gagés sur cette taxe.

Avant le 31 décembre de chaque année, la chambre d'industrie thermale ou climatique fera connaître à l'administration supérieure son avis sur le produit et l'emploi de la taxe spéciale et pourra émettre des vœux sur des questions intéressant la station.

La concession des travaux visés ci-dessus pourra être accordée à la chambre d'industrie thermale ou climatique par une délibération du conseil municipal, approuvée par le préfet.

S'il y a lieu à expropriation, il y sera procédé, après déclaration d'utilité publique, par décret en Conseil d'État, conformément aux lois du 3 mai 1841 et du 6 novembre 1918, au nom de l'autorité concédante et aux frais du concessionnaire.

Art. 8. Il est institué près du Ministre de l'intérieur une commission permanente des stations hydrominérales et climatiques de France, chargée d'étudier les questions intéressant la création et le développement de ces stations.

La Commission donne son avis sur les questions qui lui sont soumises par le Ministre et, notamment, sur les demandes formées en vue de faire désigner des communes comme stations hydrominérales ou climatiques. Elle adresse, chaque année, au Ministre, les observations que lui paraît comporter l'emploi fait, dans les diverses stations, du produit de la taxe établie par application de la présente loi.

Art. 9. Un règlement d'administration publique fixera la composition de la Commission permanente. Il déterminera aussi les formalités à remplir par les logeurs, hôteliers, propriétaires ou autres intermédiaires chargés de percevoir la taxe et les pénalités pour infractions aux dispositions concernant ces formalités; lesdites pénalités ne pourront dépasser le triple du droit dont la commune aura été privée.

TITRE II.

Stations de tourisme.

Art. 10. Les communes, fractions de communes ou groupes de communes qui offrent aux visiteurs un ensemble de curiosités naturelles ou artistiques peuvent être érigés en stations de tourisme et admis au bénéfice de la présente loi.

Cette création a pour objet de faciliter la visite de la station et de favoriser sa fréquentation et son développement par des travaux d'entretien des monuments et des sites, d'assainissement, d'embellissement ou d'amélioration des conditions d'accès, d'habitation, de séjour ou de circulation.

Un décret rendu en Conseil d'État, sur la proposition du Ministre des travaux publics, et après avis du Ministre de l'instruction publique et des beaux-arts, sur la demande des conseils municipaux, et après consultation des conseils généraux, des commissions départementales des sites et des monuments naturels, des conseils départementaux d'hygiène, du conseil supérieur d'hygiène publique de France, de la Commission des monuments historiques et du Conseil d'administration de l'Office National du Tourisme, arrêtera la liste des stations de tourisme.

Les communes, fractions de communes ou groupes de communes qui n'auraient pas été compris dans cette liste pourront, en tout temps, réclamer leur inscription auprès du Ministre des travaux publics. Le même droit appartiendra aux préfets, aux associations de tourisme de la région et à l'Office National du Tourisme. Il sera statué sur ces demandes dans les conditions et formes fixées par le paragraphe précédent, et l'inscription ne pourra être ordonnée que si l'avis du conseil municipal est favorable.

Art. 11. Dans les stations de tourisme, les communes pourront percevoir, pendant tout ou partie de l'année, une taxe spéciale dont le produit devra être affecté intégralement aux travaux visés à l'article précédent.

Ces travaux peuvent être déclarés d'utilité publique par décret rendu en Conseil d'État.

Les communes peuvent aussi, pour faire face aux dépenses résultant de l'application de la présente loi, être autorisées, dans les mêmes formes, à contracter des emprunts gagés sur les recettes à provenir de la taxe.

Art. 12. La taxe qui est perçue en vertu de l'article 11 est établie sur les personnes non domiciliées dans la commune et n'y possédant pas une résidence à raison de laquelle elles sont passibles de la contribution mobilière.

Le tarif de cette taxe est établi par personne et par jour de séjour; il ne pourra être inférieur à 0 fr. 10 par personne et par jour, ni supérieur à 1 franc[1]; il peut être basé sur la nature et le prix de location des locaux occupés; il comporte des atténuations à raison soit de l'âge, soit du nombre des personnes d'une même famille; il peut varier suivant les époques de la saison. La taxe ne peut être due pour une durée supérieure à quatre semaines.

Peuvent être exemptées de la taxe de séjour les personnes occupant des locaux d'un prix inférieur à un chiffre déterminé.

Le tarif, ainsi que les bases d'établissement et les conditions d'application, d'atténuation ou d'exemption, sont fixés, pour chaque station, par un décret en Conseil d'État, rendu sur la proposition du Ministre des travaux publics et après avis du Ministre de l'instruction publique et des beaux-arts, sur les bases établies par le Conseil d'administration de l'Office National du Tourisme, après enquête et consultation du conseil municipal et de la Chambre d'industrie touristique créée par l'article 15 ci-après.

[1] Article 107 de la loi du 26 mars 1927. «Par dérogation aux articles [3 et] 12 de la loi du 24 septembre 1919, le maximum du tarif de la taxe de séjour, dans les stations hydrominérales, climatiques et de tourisme, fixé à 2 francs par la loi de finances du 31 juillet 1920, est porté à 3 francs par personne et par jour de séjour jusqu'au 1er janvier 1932.»

Art. 13. La taxe sera perçue par l'intermédiaire des logeurs, hôteliers et propriétaires, et versée par eux, et sous leur responsabilité, dans la caisse des receveurs municipaux.

En cas d'infraction aux dispositions fixées conformément à l'article 17, les poursuites auxquelles il y aurait lieu de procéder pour le recouvrement de la taxe seront effectuées selon le mode usité en matière d'octroi; les réclamations seront jugées également comme en matière d'octroi.

Art 14. Il devra être tenu par les communes ou syndicats de communes un compte spécial du produit et de l'emploi des recettes provenant de la taxe.

Ce compte sera publié et transmis au Conseil d'administration de l'Office National du Tourisme.

Les conditions dans lesquelles ce compte sera établi, approuvé et apuré seront déterminées par un règlement d'administration publique.

Art. 15. Dans chaque station de tourisme, il sera institué, par décret en Conseil d'État, un établissement public sous le nom de «chambre d'industrie touristique».

Cette chambre sera composée par moitié de membres élus par les personnes appartenant aux catégories de professions intéressées au développement de la station et désignées par le décret constitutif.

Les autres membres seront : le préfet ou son représentant, président; l'ingénieur en chef des ponts et chaussées du département; le directeur du bureau d'hygiène; l'agent voyer du canton; trois membres désignés par le préfet, dont deux, au moins, appartiendront aux associations de tourisme de la région; le maire de la commune et deux délégués du conseil municipal et si la station appartient à un syndicat, deux délégués du syndicat.

Le décret constitutif répartira les places réservées aux membres élus entre les diverses catégories de professions qui devront être représentées dans cet établissement public.

La chambre d'industrie touristique sera nécessairement appelée à donner son avis sur les projets de travaux visés à l'article 10 entrepris par les communes, sur les demandes tendant à l'établissement de la taxe et sur les emprunts qui doivent être gagés sur cette taxe.

Avant le 31 décembre de chaque année, la chambre d'industrie touristique fera connaître à l'administration supérieure son avis sur le produit et l'emploi de la taxe spéciale, et pourra émettre des vœux sur les questions intéressant la station.

La concession des travaux visés ci-dessus pourra être accordée à la chambre d'industrie touristique par une délibération du conseil municipal, approuvée par le préfet.

S'il y a lieu à expropriation, il y sera procédé, après déclaration d'utilité publique par décret du Conseil d'État, conformément aux lois du 3 mai 1841 et du 6 novembre 1918, au nom de l'autorité concédante et aux frais du concessionnaire.

Art. 16. Il est créé au ministère des travaux publics et des transports un Office National du Tourisme ayant pour objet :

1° De centraliser et de mettre à la disposition du public les renseignements de toute nature concernant le tourisme sous toutes ses formes ;

2° De rechercher tous les moyens propres à développer le tourisme, de provoquer et au besoin, de prendre toutes mesures tendant à améliorer les conditions de transport, de circulation et de séjour des touristes;

3° D'organiser la propagande en France et à l'étranger, aussi bien pour les stations de tourisme que pour les stations hydrominérales et climatiques, et de faire connaître, par tous les moyens, l'ensemble des beautés naturelles ou artistiques et des richesses de la France;

4° D'encourager et de favoriser par tous les moyens, l'amélioration des conditions d'habitation et de séjour dans les stations hydrominérales, climatiques ou de tourisme et d'en faciliter l'accès.

L'Office National du Tourisme est investi de la personnalité civile et de l'autonomie financière.

Il est chargé d'étudier les questions intéressant la création et le développement des stations de tourisme.

Il donne son avis sur les questions qui lui sont soumises par le Ministre des travaux publics et, notamment, sur l'érection d'une commune en station de tourisme. Il adresse, chaque année, au Ministre, les observations que lui paraît comporter l'emploi fait, dans les diverses stations, du produit de la taxe établie par application de la présente loi.

Art. 17. Un règlement d'administration publique déterminera le fonctionnement de l'Office National du Tourisme et, notamment, la composition de son conseil d'administration et du conseil supérieur du tourisme, qui devront comprendre en nombre égal des représentants qualifiés des stations hydrominérales et climatiques et des stations de tourisme. Il fixera aussi les formalités à remplir par les logeurs, hôteliers, propriétaires ou autres intermédiaires chargés de percevoir la taxe, et les pénalités pour infractions aux dispositions concernant ces formalités; lesdites pénalités ne pourront dépasser le triple du droit prévu.

TITRE III.

Fonds commun aux stations hydrominérales, climatiques et de tourisme.

Art. 18. A la taxe de séjour établie dans les stations hydrominérales, climatiques et de tourisme s'ajoutera une taxe additionnelle qui sera établie d'après le tarif ci-après :

10 p. 100 dans les stations où le produit net du principal de la taxe n'aura pas dépassé, pendant l'année précédant l'imposition, une somme de 20,000 francs;

15 p. 100 dans celles où le produit net, supérieur à 20,000 francs, n'aura pas dépassé 50,000 francs;

20 p. 100 dans celles où ce produit net aura dépassé 50,000 francs.

Dans les stations où la taxe de séjour n'aura pas encore été perçue pendant un an le taux de la taxe additionnelle sera, pour la première année, de 15 p. 100.

Le recouvrement de la taxe additionnelle sera effectué en même temps et dans les mêmes formes que celui de la taxe principale.

Art. 19. Le produit de la taxe additionnelle constituera un fonds commun qui se répartira ainsi qu'il suit :

1° 25 p. 100 des recettes provenant des stations hydrominérales et climatiques, à l'institut d'hydrologie et climatologie de l'école pratique des hautes études, rattaché au collège de France par arrêté ministériel du 3 mars 1913, à charge par lui d'organiser, dans les facultés de médecine, l'enseignement technique du personnel, des médecins, d'ingénieurs et d'assistants divers nécessaires au fonctionnement des stations;

2° Le surplus à l'Office National du Tourisme, dont l'objet est déterminé par l'article 16.

Art. 20. Les fonds mis à la disposition de l'Office, au titre de la présente loi, seront employés à des œuvres de propagande et de vulgarisation et à toutes les entreprises destinées soit à favoriser la fréquentation et le développement des stations hydrominérales, climatiques et de tourisme, soit à y améliorer les conditions d'hygiène, d'accès, d'habitation ou de séjour.

A la fin de chaque année, le Ministre des travaux publics transmettra au Ministre de l'intérieur un état détaillé des recettes et des dépenses effectuées par l'Office en conformité de la présente loi [1].

TITRE IV.

Dispositions générales.

Art. 21. La présente loi est applicable à l'Algérie, sous réserve des dispositions de la législation spéciale en vigueur dans la colonie.

Art. 22. Des règlements d'administration publique détermineront les conditions d'exécution de la présente loi.

Art. 23. Sont abrogés l'article 123 de la loi de finances du 8 avril 1910, concernant l'Office National du Tourisme et la loi du 13 avril 1910 concernant les stations hydrominérales et climatiques.

[1] Article 108 de la loi du 26 mars 1927. « A la taxe de séjour instituée dans les stations hydrominérales, climatiques et de tourisme par la loi du 24 septembre 1919, pourra s'ajouter, à la demande du conseil général du département intéressé, une nouvelle taxe additionnelle de 10 p. 100 dont le recouvrement sera effectué en même temps et dans les mêmes formes que celui de la taxe principale.

Le produit de cette taxe additionnelle sera mis à la disposition du département sur le territoire duquel sont situées les stations, à l'effet d'en améliorer les conditions d'accès et de circulation. Le programme des travaux à effectuer sera établi par le conseil général, après avis des chambres d'industrie thermale, climatique ou de tourisme des stations, dans les conditions prévues par la loi pour les travaux exécutés par les communes.»

DÉCRET DU 4 MAI 1920

(modifié par les décrets des 30 mai 1923, 23 octobre 1924, 14 mars 1925, 29 juillet 1925 et 15 juin 1926.)

PORTANT RÈGLEMENT D'ADMINISTRATION PUBLIQUE EN EXÉCUTION DE LA LOI DU 24 SEPTEMBRE 1919 ET RELATIF À LA CRÉATION DE STATIONS HYDROMINÉRALES, CLIMATIQUES ET DE TOURISME, À L'ÉTABLISSEMENT DE TAXES SPÉCIALES DANS CES STATIONS ET À LA RÉGLEMENTATION DE L'OFFICE NATIONAL DU TOURISME.

TITRE PREMIER.

Stations hydrominérales et climatiques.

CHAPITRE PREMIER.

Création des stations hydrominérales et climatiques.

Art. 1er. Dans chaque département, et dans le délai d'un mois à dater de la publication du présent décret, le préfet dressera, soit d'office, soit sur la demande des conseils municipaux, la liste des communes, fractions de communes, ou groupes de communes qu'il estimera devoir être classés à titre de stations hydrominérales ou climatiques, et fera procéder immédiatement à une enquête sur ce projet de classement.

Il sera procédé à cette enquête dans les formes ci-après :

1° Le projet de création est déposé pendant trois jours à la mairie des communes intéressées à la disposition de toute personne désirant en prendre connaissance.

Dans les trois jours qui suivent, un commissaire enquêteur, désigné par le préfet, se rend à la mairie et y reçoit pendant une journée les déclarations ou observations auxquelles peut donner lieu le projet de création. Les délais de trois et de un jour ci-dessus prévus ne courent que de la date de l'avertissement donné par voie de publication et d'affichage; il est justifié de l'accomplissement de cette formalité par un certificat du maire;

2° Après avoir clos et signé le registre des déclarations, le commissaire enquêteur le transmet immédiatement au maire avec son avis motivé et tous documents relatifs à la proposition de création qui lui ont été remis au cours de l'enquête;

3° Le dossier de l'enquête est ensuite soumis au conseil municipal, qui doit, dans la huitaine, délibérer sur le projet. Faute par le conseil municipal de donner son avis dans les délais ci-dessus, il sera passé outre.

Les résultats de l'enquête avec l'avis du commissaire enquêteur et celui du conseil municipal sont transmis sans délai par le préfet au conseil départemental d'hygiène, qui donne son avis dans la quinzaine.

Le préfet transmet ensuite le dossier au ministre chargé de l'hygiène publique après l'avoir soumis au conseil général.

Le conseil général doit délibérer sur les projets de création de stations dans la session ordinaire qui suit le renvoi du dossier à lui fait par le préfet; faute par lui de délibérer dans cette session, il sera considéré comme ayant donné un avis favorable.

Dans le cas où le conseil général aurait donné délégation à la commission départementale pour statuer dans l'intervalle de ses sessions sur le projet de création des stations, cette commission devra délibérer dans le mois qui suivra la communication qui lui aura été faite par le préfet. Faute par elle de délibérer dans ce délai, elle sera regardée comme ayant donné un avis favorable.

Art. 2. Les décrets portant création des stations hydrominérales ou climatiques détermineront, suivant les circonstances de chaque espèce, les mesures à prendre pour faciliter le traitement des indigents et des familles comprenant trois enfants et plus; telle que gratuité ou réduction du prix des soins médicaux ou autres, institution de maison de repos, logements à prix réduits.

Art. 3. Lorsque, dans une commune classée à titre de station hydrominérale ou climatique sur demande ou après avis favorable du conseil municipal, des travaux d'assainissement auront été jugés indispensables par le ministre chargé de l'hygiène publique, si le conseil municipal, après une mise en demeure, refuse ou néglige d'effectuer ces travaux dans le délai imparti par le ministre, il peut, sans préjudice de l'application des dispositions de l'article 21 du présent décret, être procédé à la radiation de la commune de la liste des stations hydrominérales et climatiques.

La radiation est prononcée par un décret rendu dans les formes prévues par l'article 1er de la loi du 24 septembre 1919.

En cas de radiation, lorsque la taxe de séjour perçue en application de la loi du 24 septembre 1919 sert, en tout ou partie, à gager un emprunt destiné à faire face aux dépenses résultant de l'application de ladite loi, la radiation ne peut être prononcée qu'après expiration du délai prévu pour le remboursement de l'emprunt.

CHAPITRE II.

Taxe de séjour.

Art. 4 (*ainsi modifié par le décret du 30 mai 1923*). L'enquête à laquelle il doit être procédé en application du paragraphe 6 de l'article 3 de la loi du 24 septembre 1919, en vue de la fixation des modalités de la taxe de séjour dans les stations hydrominérales et climatiques, est soumise aux formes prescrites aux nos 1°, 2° et 3° de l'article 1er du présent décret.

Il y est procédé autant que possible, en même temps qu'à l'enquête prévue par l'article 1er du présent décret, relative au classement des stations.

Le projet de taxe de séjour mis à l'enquête est établi par le préfet, soit à la demande du conseil municipal, soit d'office, en indiquant les atténuations consenties aux membres des familles comprenant trois enfants et plus; ces atténuations seront aussi avantageuses que celles consenties pour les prix de transport de voyageurs sur les chemins de fer d'intérêt général par la loi du 29 octobre 1921.

Dans les stations où la saison s'étend sur deux années différentes, si un séjour chevauche sur les deux années, il ne compte que pour un seul séjour, pour le calcul de la durée maximum de quatre semaines pendant lesquelles la taxe est due.

Dans les stations ayant deux saisons distinctes au cours de la même année, il peut être perçu une taxe pour une durée de quatre semaines au cours de chacune des deux saisons.

Lorsque la taxe a pour assiette le prix de location, ce prix de location, dégagé de tous autres frais, doit être affiché dans les locaux occupés.

Lorsque le tarif de la taxe comporte des catégories suivant la nature et l'importance des hôtels et des villas, le classement des hôtels et villas dans leur catégorie est fait sur la proposition de la chambre d'industrie par un arrêté du maire soumis à l'approbation du préfet. Les modifications apportées à ce classement seront faites dans les mêmes formes.

Art. 5. Les tarifs, suivant lesquels la taxe de séjour est perçue, sont établis pour une période de cinq ans au plus. Exceptionnellement, lorsque la taxe sert de gage à un emprunt, les tarifs sont établis pour une durée égale à celle qui a été fixée pour l'amortissement de l'emprunt.

Art. 6. Le tarif de la taxe de séjour est affiché en permanence à la porte de la mairie; il est tenu, au secrétariat de la mairie, à la disposition de toute personne désirant en prendre connaissance; il est affiché dans tous les hôtels et dans toutes les maisons meublées où sont reçues en logement les personnes étrangères à la commune.

Art. 7. Dans les stations hydrominérales ou climatiques, les hôteliers, logeurs ou propriétaires, doivent posséder, en vue de la perception de la taxe, un registre spécial qui leur est fourni gratuitement par la mairie. Sur ce registre, que le maire cote et paraphe par première et dernière, ils inscrivent de suite, et sans aucun blanc, les nom, domicile et dates d'arrivée et de départ de toutes les personnes logeant chez eux. Mention y est faite aussi, le cas échéant, des diverses circonstances énumérées à l'article 3 de la loi du 24 septembre 1919 comme pouvant servir de base à l'établissement de la taxe.

Art. 8. Les propriétaires ou toutes personnes qui auraient l'intention de louer, pendant la saison thermale ou climatique, tout ou partie de leur habitation personnelle à des étrangers à la station doivent en faire la déclaration à la mairie et sont tenus, en vue de la perception de la taxe de séjour, de posséder le même registre que les hôteliers et logeurs.

Art. 9. Lorsque les personnes désignées aux articles 7 et 8 du présent décret reçoivent le montant des loyers qui leur sont dus, elles perçoivent la taxe sur les assujettis et leur en donnent quittance. Elles inscrivent le montant des taxes encaissées, à la date et dans l'ordre des perceptions effectuées, sur le registre spécial prévu à l'article 7 du présent décret.

La taxe doit être perçue avant le départ des assujettis, alors même que, du consentement du logeur, de l'hôtelier, du propriétaire ou du principal locataire, le payement du loyer serait différé.

Art. 10. En cas de départ furtif d'un assujetti, la responsabilité des personnes désignées aux articles 7 et 8 du présent décret ne peut être dégagée que si elles ont avisé aussitôt le maire et déposé entre ses mains une demande en exonération adressée au juge de paix. Le maire transmet cette demande dans les vingt-quatre heures au juge de paix, lequel prononce sommairement et sans frais.

Art. 11. Des préposés d'octroi ou des agents municipaux commissionnés à cet effet se présentent périodiquement chez les personnes désignées aux articles 7 et 8 du présent décret pour y recueillir le produit de la taxe. Le maire détermine l'époque des tournées des agents collecteurs. Dans les hôtels et maisons meublées, les tournées devront avoir lieu au moins tous les dix jours. Après vérification du registre dont la tenue est prescrite par les articles 7 et 9 du présent décret, les agents collecteurs encaissent le montant des taxes perçues depuis leur précédente vérification et en donnent aussitôt décharge aux hôteliers, logeurs, propriétaires ou principaux locataires, par mention inscrite sur ce registre.

Les agents collecteurs inscrivent, en outre, sur un registre à souche le montant de chaque versement et ils en délivrent immédiatement quittance. Ce registre est représenté pour vérification au receveur municipal à l'appui des versements faits à sa caisse par les collecteurs.

Art. 12. Les agents préposés à l'encaissement de la taxe de séjour et commissionnés à cet effet sont tenus, avant de prêter serment, de verser un cautionnement dont le taux est fixé par le maire et qui ne peut être inférieur à 200 francs.

Les employés d'octroi, autres que les receveurs, sont tenus au même cautionnement lorsqu'ils sont chargés de l'encaissement de la taxe de séjour.

Art. 13. Le registre dont la tenue est imposée aux personnes désignées aux articles 7 et 8 du présent décret, ainsi que les quittances délivrées par les agents collecteurs, doivent être représentés à toute réquisition des agents de l'autorité. Annuellement, à la date fixée par le maire, le registre est remis contre récépissé au secrétariat de la mairie.

Art. 14. Tout assujetti qui conteste soit l'application qui lui est faite du tarif par l'hôtelier, logeur, propriétaire ou principal locataire, soit la quotité de la taxe à lui réclamée, doit néanmoins acquitter le montant de la taxe contestée, sauf à en obtenir le remboursement après qu'il aura été statué sur sa réclamation par le juge de paix, suivant les règles, formes et délais prévus pour les contestations en matière d'octroi.

Art. 15. Les infractions aux dispositions concernant les formalités établies pour le recouvrement de la taxe sont contatées par les officiers de police judiciaire, les agents collecteurs et les agents des contributions indirectes et poursuivies comme en matière d'octroi.

Art. 16. Les pénalités encourues pour lesdites infractions sont au minimum égales au montant des taxes dont la commune a été privée; elles peuvent s'élever au triple de ces taxes en cas de fraude et au double dans les autres cas.

Ces peines sont prononcées sans préjudice des restitutions, poursuivies conformément à l'article 4 de la loi du 24 septembre 1919.

L'article 463 du Code pénal est applicable aux infractions prévues par le présent décret.

Art. 17. Le produit de la taxe et l'emploi des recettes provenant de cette taxe font l'objet d'états de prévisions et de comptes distincts. Ces recettes et ces dépenses sont inscrites dans les budgets et dans les comptes des communes à un article unique, tant en recettes qu'en dépenses dont les états de prévision et comptes spéciaux de la taxe forment, à titre d'annexes, la justification et le développement.

Art. 18 (*ainsi modifié par le décret du 30 mai 1923*). Les états de prévision des recettes et des dépenses relatifs à l'emploi de la taxe sont préparés par les maires, soumis pour avis à la chambre d'industrie thermale ou climatique appelée à délibérer dans une réunion qui doit obligatoirement être tenue au cours de la saison et ensuite votés par le conseil municipal. Ils sont transmis, avec l'avis de la chambre d'industrie, au préfet, lequel ne doit les approuver qu'autant que le produit de la taxe de séjour est intégralement affecté à des dépenses rentrant dans les prévisions de l'article 1er, paragraphe 3, de la loi du 24 septembre 1919.

Art. 19. L'état de prévision des recettes et des dépenses relatif à l'emploi de la taxe comprend :

En recettes :

1° Le produit des taxes de séjour;

2° Le montant des pénalités déterminées par l'article 16 du présent décret.

En dépenses :

1° Les frais de perception des taxes;

2° Les frais de fonctionnement de la chambre d'industrie thermale ou climatique ;

3° Les dépenses afférentes aux travaux d'assainissement et d'embellissement ainsi qu'aux mesures destinées à faciliter le traitement des indigents;

4° Les subventions qui pourront être allouées à la chambre d'industrie thermale ou climatique sur le produit des taxes de séjour, en vue des travaux à exécuter par cette dernière, dans les conditions prévues à l'article 7, § 7, de la loi du 24 septembre 1919.

Art. 20 (*ainsi modifié par le décret du 30 mai 1923*). Les comptes administratifs de la taxe sont soumis par les maires à l'examen de la chambre d'industrie thermale et climatique et approuvés par les conseils municipaux, en même temps que les comptes administratifs concernant l'ensemble des services communaux.

Ces comptes sont définitivement réglés par le ministre de l'intérieur, après avis des préfets et de la commission permanente des stations hydrominérales et climatiques de France.

Un état portant indication précise de l'emploi du produit de la taxe de séjour au cours de l'année précédente doit être obligatoirement affiché pendant toute la durée de la saison à la mairie et dans les hôtels, ainsi qu'au siège du syndicat d'initiative et au bureau de renseignements, s'il en existe dans la station. Cet état est certifié par le maire.

Art. 21. Dans le cas où les communes érigées en stations hydrominérales ou climatiques refuseraient ou négligeraient d'exécuter les travaux d'assainissement qui auraient été reconnus indispensables par le ministre chargé de l'hygiène publique, il sera procédé comme il est dit aux paragraphes 2 et suivants de l'article 9 de la loi du 15 février 1902.

La mise en demeure prévue au paragraphe 3 de l'article 9 de la loi du 15 février 1902 sera adressée de concert entre le ministre chargé de l'hygiène publique et le ministre de l'intérieur; le décret prévu au paragraphe 5 dudit article sera contresigné par les deux ministres.

CHAPITRE III.

Chambres d'industrie thermale ou climatique.

Art. 22. Dans chaque station hydrominérale ou climatique, le décret portant institution de la chambre d'industrie thermale ou climatique, et déterminant les catégories de professions intéressées au développement de la station, qui doivent être représentées dans ladite chambre, conformément aux dispositions de l'article 7 de la loi du 24 septembre 1919, est rendu après une enquête à laquelle il est procédé en même temps qu'à celle qui est prévue par l'article 1er du présent décret et dans les mêmes formes.

Art. 23. Dans les stations hydrominérales ou climatiques s'étendant à plusieurs communes, le décret instituant la chambre d'industrie thermale ou climatique fixe la commune où doit siéger l'établissement.

Art. 24. Les fonctions des membres des chambres d'industrie thermale ou climatique sont gratuites.

Art. 25 (*ainsi modifié par le décret du 30 mai 1923*). Parmi les professions intéressées au développement de la station qui sont désignées par décret constitutif de la chambre d'industrie thermale ou climatique, soit pour composer le collège électoral, soit pour être représenté dans cet établissement public, figurent nécessairement celles de médecin, pharmacien, hôtelier ou logeur, commerçant saisonnier et représentant des établissements thermaux et, s'il existe dans les stations des associations ou syndicat d'initiative constitués en vue du développement ou de l'amélioration des stations, les membres affiliés depuis plus d'un an à ces groupements.

Dans le cas où l'une des professions ci-dessus mentionnées n'aurait pas dans la station de représentants en nombre suffisant pour assurer la composition de la chambre, il pourra être fait appel, sur décision du préfet, à des personnes exerçant cette profession dans des communes voisines.

Art. 26. Les membres élus des chambres d'industrie thermale ou climatique sont nommés par une assemblée d'électeurs composée de :

1° Tous les citoyens français âgés de 25 ans, jouissant de leurs droits civils et politiques, appartenant aux catégories de professions déterminées par le décret constitutif et exerçant leur profession à titre de chef d'établissement dans la station depuis trois ans au moins.

Les femmes remplissant les mêmes conditions d'âge, de profession et exerçant elles-mêmes la profession à titre de chef d'établissement et jouissant de leurs droits;

2° Les personnes qui, ayant exercé pendant trois ans au moins dans la station une profession leur conférant l'électorat, y ont conservé leur domicile.

Art. 27. La liste des électeurs établie par catégorie de professions est dressée chaque année par une commission composée du maire de la commune siège de la station, président, d'un membre du conseil municipal désigné par cette assemblée et d'un membre de la chambre d'industrie thermale ou climatique désigné par cet établissement. S'il s'agit de dresser la liste électorale en vue de faire procéder à l'élection d'une chambre non encore instituée, le troisième membre de la commission est désigné par le préfet parmi les personnes appartenant aux catégories de professions déterminées par le décret constitutif.

Le décret constitutif fixe l'époque coïncidant avec celle de la saison thermale ou climatique à laquelle les intéressés doivent remplir les conditions prescrites par les dispositions précédentes pour être inscrits sur la liste électorale, ainsi que la date de la revision de cette liste.

Art. 28. La liste électorale est déposée au secrétariat de la mairie, à la disposition de toute personne désirant en prendre connaissance. Avis de ce dépôt est publié aussitôt dans la commune.

Art. 29. Pendant les huit jours qui suivent le dépôt de la liste, tout intéressé ou tout habitant de la station est admis à exercer ses réclamations, soit qu'il se plaigne d'avoir été omis, soit qu'il demande la radiation ou l'inscription d'une personne omise ou indûment inscrite. Ces réclamations sont portées devant le juge de paix du canton par simple déclaration au greffe de la Justice de paix. Cette déclaration se fait sans frais; il en est donné récépissé.

Le juge de paix statue dans les formes et dans les délais fixés par l'article 5 de la loi du 8 décembre 1883, relative à l'élection des membres des tribunaux de commerce, dont les articles 6 et 7 sont également applicables aux chambres d'industrie thermale et climatique.

Art. 30. L'assemblée des électeurs est convoquée suivant les règles fixées par l'article 15 de la loi du 5 avril 1884 pour les élections municipales. Elle est divisée en autant de sections qu'il doit y avoir de catégories de professions représentées dans la chambre; chacune de ces sections est présidée soit par le maire, soit par un adjoint ou un conseiller municipal, délégué par le maire; le président de chaque section est assisté de deux électeurs choisis autant que possible dans la section. L'arrêté du préfet peut décider qu'il ne sera constitué qu'un seul bureau pour plusieurs sections.

La durée du scrutin est fixée par le préfet sans pouvoir toutefois être inférieure à trois heures.

Aucun électeur ne peut voter dans plusieurs catégories.

Art. 31. Sont éligibles tous les électeurs inscrits sur les listes électorales établies conformément aux articles 27, 28 et 29 du présent décret.

Art. 32. Les élections ont lieu au scrutin de liste dans chaque catégorie, à la majorité relative des suffrages exprimés.

Si plusieurs candidats obtiennent le même nombre de voix, l'élection est acquise au plus âgé.

Le résultat du scrutin de liste est proclamé par le président de chacune des sections de vote et affiché à la porte de la mairie : les procès-verbaux des élections dressés séance tenante sont transmis aussitôt au préfet.

Art. 33. Des réclamations, déférés préfectoraux et pourvois peuvent être formés contre les élections des membres de la chambre d'industrie thermale ou climatique dans les mêmes conditions que celles qui sont fixées par la loi du 5 avril 1884 pour l'élection des conseillers municipaux. Il est statué sur ces réclamations, déférés préfectoraux et pourvois suivant les règles édictées en matière d'élections municipales.

Art. 34 (*ainsi modifié par le décret du 30 mai 1923*). Les membres de la chambre d'industrie thermale ou climatique sont élus pour quatre ans.

Lorsque par l'effet des vacances survenues la chambre d'industrie thermale ou climatique se trouve réduite à la moitié de ses membres élus ou lorsqu'une catégorie de professions représentées y a perdu tous ses membres, il est, dans le délai maximum d'un an à dater de la dernière vacance, et autant que possible au début de la saison thermale ou climatique suivante, procédé à des élections complémentaires.

En cas d'élections complémentaires, la durée du mandat est égale à celle restant à courir pour les membres en exercice.

Il n'y a pas lieu à élections complémentaires pendant l'année qui précède le renouvellement intégral, sauf pour les catégories n'ayant qu'un seul représentant élu, pour lesquelles cette durée d'un an est réduite à trois mois avant le renouvellement intégral.

Dans le cas où les électeurs à une ou plusieurs catégories se seraient abstenus de prendre part au scrutin, la chambre d'industrie pourrait valablement fonctionner quel que soit le nombre des membres élus et sans qu'il y ait lieu de procéder à de nouvelles élections, en vue de pourvoir à la représentation de la catégorie défaillante.

Art. 35 (*ainsi modifié par le décret du 30 mai 1923*). Le préfet réunit la chambre d'industrie thermale ou climatique au moins tous les mois pendant la saison, et tous les trois mois durant le reste de l'année; il est tenu de la convoquer dans le délai de huit jours lorsque la demande lui en a été faite par le tiers des membres de la chambre ou sur la demande de tous les représentants d'une même catégorie de professions.

La convocation est faite par le préfet. Elle est affichée à la mairie siège de la station, et adressée par écrit à tous les membres de la chambre d'indutrie.

La chambre se réunit dans un local mis à sa disposition par la commune où elle a son siège. Chaque année, elle élit un vice-président, un secrétaire et désigne un ordonnateur parmi les membres du bureau. A défaut de désignation par la chambre, les fonctions d'ordonnateur sont remplies par son président ou son délégué.

Le receveur municipal de la commune siège de la station remplit les fonctions de comptable de la chambre.

Art. 36. La chambre d'industrie thermale ou climatique ne peut délibérer que si le nombre des membres présents dépasse le tiers de celui des membres en exercice.

Quand, après deux convocations successives à trois jours au moins d'intervalle, et dûment constatées, la chambre ne s'est pas réunie en nombre suffisant, la délibération prise après la troisième convocation est valable quel que soit le nombre des membres présents.

Les délibérations sont prises à la majorité absolue des votants.

En cas de partage la voix du président est prépondérante.

Art. 37 (*ainsi modifié par le décret du 30 mai 1923*). La chambre d'industrie thermale ou climatique veille à ce que le produit des taxes de séjour reçoive une affectation conforme à leur destination légale et suit notamment l'exécution des travaux effectués à l'aide du produit desdites taxes, en vue de s'assurer de leur conformité avec les projets régulièrement votés et approuvés.

Elle fait part sans délai au préfet de toutes les observations utiles qu'elle recueille dans l'exercice de ce contrôle; le préfet prend, le cas échéant, les mesures nécessaires.

Elle adresse chaque année avant le 31 décembre au ministre chargé de l'hygiène publique, par l'intermédiaire du préfet, un compte rendu général de ses travaux ainsi que son avis motivé sur le produit et l'emploi de la taxe de séjour, elle peut émettre des vœux sur les questions intéressant la station. Ces vœux sont transmis dans un délai de trois mois à la commission permanente des stations hydrominérales et climatiques.

Art. 38. Le budget des chambres d'industrie thermale ou climatique comprend en recettes :

1° Le produit des subventions communales ou autres;

2° Le produit de souscriptions particulières et d'offres de concours;

3° Le produit des dons et legs;

4° Le produit total ou partiel de la taxe de séjour dans la limite où elle a été affectée aux travaux visés à l'article 1er de la loi du 24 septembre 1919 dont la concession leur a été accordée conformément au paragraphe 7 de l'article 7 de ladite loi.

Il comprend en dépenses :

1° Les frais d'administration, de chauffage et d'éclairage;

2° Les dépenses occasionnées par les travaux d'assainissement, d'aménagement et d'embellissement des stations, travaux qui leur ont été concédés par les conseils municipaux ou qui sont entrepris par les chambres au moyen de leurs propres ressources;

3° Éventuellement l'emploi des subventions allouées à la chambre, sur le produit des taxes de séjour, dans les conditions prévues à l'article 19 du présent décret.

Parmi ces dépenses figureront notamment les mesures à prendre sur l'organisation des offices de renseignements mis à la disposition des baigneurs et des touristes dans les stations.

Art. 39. Dans les six premiers mois de chaque année, les chambres d'industrie thermale ou climatique adressent, avec pièces justificatives à l'appui, le compte rendu des recettes et dépenses de l'année précédente et le projet de budget des recettes et dépenses de l'année suivante au préfet, qui les soumet après avis du conseil municipal à l'approbation du ministre chargé de l'hygiène publique.

Art. 40. Les frais d'administration, de chauffage et d'éclairage des chambres d'industrie thermale ou climatique peuvent en cas d'insuffisance des ressources de ces établissements être prélevés sur le produit de la taxe de séjour.

CHAPITRE IV.

Commission permanente des stations hydrominérales et climatiques.

Art. 41. La commission permanente des stations hydrominérales et climatiques de France, instituée près le ministre chargé de l'hygiène publique, est composée de 59 membres;

15 membres de droit :

Le président de la section de l'intérieur au Conseil d'État, *président;*

Le directeur de l'assistance et de l'hygiène publiques;

Le directeur de l'administration départementale et communale au ministère de l'Intérieur;

Le directeur de la sûreté générale au ministère de l'Intérieur;

Un représentant du ministre des Finances;

Le directeur chargé des services de l'Office National du Tourisme au ministère des Travaux publics;

Le directeur des mines;

Le directeur du service de santé au ministère de la Guerre;

Le chef du service central de santé au ministère de la Marine;

Le président du conseil supérieur du service de santé des colonies;

Le doyen de la Faculté de médecine de Paris;

Le directeur de l'École de pharmacie de Paris;

Le président du conseil d'administration de l'Office National du Tourisme;

Le directeur de l'Office National du Tourisme:

Le président du conseil d'administration de l'Institut d'hydrologie et de climatologie;

7 membres désignés respectivement par le Conseil d'État, la Cour des comptes, l'Académie des sciences, l'Académie de médecine, le conseil général des mines, le conseil supérieur d'hygiène publique de France, la Faculté de médecine de Paris;

37 membres nommés par décret sur la proposition du ministre chargé de l'hygiène publique, savoir :

3 sénateurs;

3 députés;

1 inspecteur général des services administratifs au ministère de l'Intérieur;

4 maires de communes, sièges de stations hydrominérales ou climatiques;

2 représentants des administrations des chemins de fer;

3 représentants des associations de tourisme;

8 médecins hydrologues désignés comme suit : 3 sur une liste de présentation de la société d'hydrologie médicale de Paris, 3 sur une liste de présentation du syndicat général des médecins des stations balnéaires et sanitaires de France; 2 sur une liste de présentation de l'Institut d'hydrologie;

13 membres désignés parmi les personnes compétentes en ce qui concerne l'hygiène des stations ou ayant qualité pour représenter les intérêts économiques des stations.

Les membres de la commission permanente, autres que les membres de droit, sont nommés pour quatre ans.

Art. 42. Des rapporteurs spéciaux nommés par le ministre chargé de l'hygiène publique et choisis parmi les auditeurs au Conseil d'État et à la Cour des comptes sont attachés avec voix consultative à la commission permanente. Ils ont voix délibérative dans les affaires où ils sont rapporteurs.

Le chef de bureau de la direction de l'assistance et de l'hygiène publique, auquel ressortissent les affaires soumises à la commission permanente assiste aux séances avec voix consultative.

Un secrétaire et des secrétaires adjoints nommés par le ministre chargé de l'hygiène publique sont attachés à la commission permanente. Ils tiennent les procès-verbaux des séances et conservent les archives de la commission.

Art. 43. Les membres de la commission permanente élisent annuellement deux vice-présidents.

Art. 44. La commission se réunit sur la convocation du président. La présence de 15 membres au moins est nécessaire à la validité des délibérations.

Art. 45. Chaque année, les comptes administratifs relatifs à l'emploi du produit des taxes perçues dans les stations, par application de l'article 2 de la loi du 24 septembre 1919, sont transmis à la commission permanente avec les délibérations des chambres d'industrie thermale ou climatique, relatives à l'emploi de ces taxes. La commission, après avoir procédé à l'examen de ces comptes, adresse au ministre chargé de l'hygiène publique sur l'emploi fait dans les diverses stations du produit des taxes, un rapport d'ensemble, qui est publié au *Journal officiel.*

TITRE II.

Stations de tourisme.

CHAPITRE PREMIER.

Création des stations de tourisme.

Art. 46. Toute demande de création d'une station de tourisme est adressée au préfet, qui en donne récépissé.

Cette création est ensuite l'objet d'une enquête à laquelle il est procédé dans les formes établies, en ce qui concerne la création des stations hydrominérales et climatiques, par les nos 1°, 2° et 3° de l'article 1er du présent décret.

Après cette enquête, la proposition de création de la station de tourisme est adressée au préfet, qui est chargé de la transmettre au ministre des Travaux publics, après l'avoir soumise pour avis au conseil général ou à la commission départementale, qui doivent statuer dans les conditions et délais prévus pour les stations hydrominérales ou climatiques par l'article 1er du présent décret.

Le dossier est ensuite transmis pour avis à la commission départementale des sites et monuments naturels et au conseil départemental d'hygiène. Faute par l'une de ces assemblées de délibérer dans la quinzaine qui suit la communication qui leur est faite du projet, il est passé outre.

Art. 47. Il est statué par décret en Conseil d'État sur les demandes de création de stations de tourisme dans les trois mois qui suivent l'accomplissement des formalités prescrites à l'article précédent.

Art. 48. Lorsque, dans une commune classée à titre de station de tourisme, des travaux rentrant dans les catégories énumérées à l'article 10 de la loi du 24 septembre 1919, auront été jugés indispensables par le ministre des Travaux publics, si le conseil municipal, après une mise en demeure, refuse ou néglige d'effectuer ces travaux dans le délai à lui imparti par le ministre, le décret portant création de la station peut être rapporté par un décret en Conseil d'État rendu dans les formes prévues à l'article 10 de la loi du 24 septembre 1919.

Toutefois, lorsque la taxe spéciale, perçue en application de la loi du 24 septembre 1919, sert en tout ou partie à gager un emprunt destiné à faire face à des dépenses résultant de l'application de ladite loi, la radiation ne peut être prononcée qu'après expiration du délai prévu pour le remboursement de l'emprunt.

CHAPITRE II.

Taxe spéciale.

Art. 49. La délibération du conseil municipal relative à l'établissement, dans la commune ou fraction de commune, de la taxe spéciale, doit mentionner le mode d'assiette de la taxe projetée, suivant les bases indiquées par l'article 12 de la loi du 24 septembre 1919, le tarif et la durée de la taxe ainsi que les dépenses au payement desquelles elle sera affectée.

Art. 50. L'établissement de la taxe spéciale est autorisé après une enquête effectuée dans les formes prescrites par les n°s 1, 2 et 3 de l'article 1er du présent décret.

Les dispositions des paragraphes 4 et 5 de l'article 4 et celles des articles 5 à 20 du présent décret, qui régissent la taxe de séjour des stations hydrominérales et climatiques, sont applicables à la taxe spéciale des stations de tourisme, sous réserve du remplacement du ministre chargé de l'hygiène publique et du ministre de l'Intérieur par le ministre des Travaux publics, et de la chambre d'industrie thermale ou climatique par la chambre d'industrie touristique et de la commission permanente des stations hydrominérales et climatiques par le conseil d'administration de l'Office National du Tourisme.

CHAPITRE III.

Chambres d'industrie touristique.

Art. 51. Dans chaque station de tourisme, le décret portant création de la station conformément aux dispositions du titre II, chapitre Ier, du présent décret institue une chambre d'industrie touristique conformément aux dispositions de l'article 15 de la loi du 24 septembre 1919.

Si la station s'étend à plusieurs communes, le décret instituant la chambre d'industrie touristique fixe la commune où doit siéger l'établissement.

Art. 52 (*ainsi modifié par le décret du 30 mai 1923*). Parmi les professions intéressées au développement de la station qui sont désignées par le décret constituant la chambre d'industrie touristique, soit pour composer le collège électoral, soit pour être représentées dans cet établissement public, figurent nécessairement celles d'hôteliers, logeurs et restaurateurs, directeurs d'agence de tourisme, entrepreneurs de transports des voyageurs, commerçants vendant principalement des articles de sport ou de tourisme et, s'il existe dans la station des associations ou syndicats d'initiative constitués en vue du développement ou de l'amélioration des stations, les membres affiliés depuis plus d'un an à ces groupements.

Dans le cas où l'une des professions ci-dessus mentionnées n'aurait pas, dans la station, de représentants en nombre suffisant pour assurer la composition de la chambre, il pourra être fait appel, sur décision du préfet, à des personnes exerçant cette profession dans des communes voisines.

Art. 53. Les dispositions des articles 24 et 26 à 40 du présent décret relatifs à l'organisation des chambres d'industrie thermale ou climatique sont applicables aux chambres d'industrie touristique, sous réserve du remplacement du ministre chargé de l'hygiène publique et du ministre de l'intérieur par le ministre des travaux publics, de la chambre d'industrie thermale ou climatique par la chambre d'industrie touristique et de la Commission permanente des stations hydrominérales et climatiques par le Conseil d'administration de l'Office National du Tourisme.

CHAPITRE IV.

Office National du Tourisme.

Art. 54 (*ainsi modifié par les décrets du 23 octobre 1924 et du 14 mars 1925*). L'Office National du Tourisme est administré sous l'autorité du Ministre des travaux publics, par un conseil d'administration composé de la façon suivante :

1° Les vice-présidents du Conseil supérieur du tourisme;

2° Neuf membres de droit, savoir :

Le président de la section des travaux publics au Conseil d'État;

Le directeur chargé des services de l'Office National du Tourisme au ministère des travaux publics;

Le directeur de l'administration départementale et communale au ministère de l'intérieur;

Le directeur de l'assistance et de l'hygiène publiques au ministère chargé de l'hygiène;

Le directeur général des eaux et forêts au ministère de l'agriculture;

Le directeur des beaux-arts au ministère de l'instruction publique et des beaux-arts;

Le directeur des affaires administratives et techniques au ministère des affaires étrangères;

Le président de la Commission permanente des stations hydrominérales et climatiques de France;

Le directeur de l'Office National du Tourisme;

3° Un conseiller d'État désigné par le Conseil d'État;

4° Un représentant du ministre des finances désigné par ce dernier;

5° Deux représentants du ministre du commerce et de l'industrie désignés par ce dernier, l'un de ces représentants spécialement compétent pour les questions relatives au crédit hôtelier;

6° Un représentant des réseaux de chemins de fer désigné par le ministre des travaux publics;

7° Un représentant des compagnies de navigation maritime désigné par le ministre chargé de la marine marchande;

8° Vingt membres désignés par le ministre des travaux publics en nombre égal parmi les représentants qualifiés des stations hydrominérales ou climatiques et des stations de tourisme siégeant au Conseil supérieur du tourisme.

Art. 55. Les membres du Conseil d'administration autres que les membres de droit sont nommés pour quatre ans.

Ils doivent être Français, âgés de 30 ans au moins, non déchus de leurs droits civils et civiques.

Le mandat des membres sortants peut être renouvelé.

Cessent de plein droit de faire partie du conseil les membres du conseil qui n'exercent plus les fonctions qui avaient motivé leur désignation.

Il est pourvu dans les six mois au remplacement des membres du conseil qui auraient cessé d'en faire partie avant la date d'expiration normale de leur mandat.

Le mandat d'un membre désigné au cours d'une période de quatre ans prend fin au moment du renouvellement intégral.

Art. 56. Les fonctions de membre du conseil d'administration sont gratuites.

Art. 57. Le ministre désigne chaque année un président parmi les membres du conseil autres que les membres de droit.

Art. 58. Le conseil d'administration nomme deux vice-présidents; la durée de leurs fonctions est d'un an; ils sont rééligibles.

Art. 59. Le conseil d'administration règle les affaires de l'Office National, sous réserve des dispositions des articles 60 et 64 du présent décret.

Ses délibérations sont exécutoires si, dans le délai de vingt jours, le ministre des travaux publics n'en a pas demandé l'annulation pour excès de pouvoir ou pour violation d'une disposition législative ou réglementaire. En cas d'urgence, le ministre peut viser une délibération pour exécution immédiate.

Le recours formé par le ministre doit être notifié au président du conseil d'administration. Si, dans le délai de deux mois, l'annulation n'a pas été prononcée, la délibération sera exécutoire. Cette annulation ne peut être prononcée que par un décret rendu en Conseil d'État.

Art. 60. Le conseil d'administration accepte ou refuse sans autorisation de l'autorité supérieure les dons et legs qui sont faits à l'Office, sans charges, condition ni affectation immobilière. Lorsque ces dons et legs sont grevés de charges, conditions ou affectation immobilière, l'acceptation ou le refus est autorisé par décret en Conseil d'État.

Dans tous les cas où des dons et legs donnent lieu à des réclamations des familles, l'autorisation de les accepter est donnée par décret en Conseil d'État.

Le directeur de l'Office peut, avec l'autorisation du Conseil d'administration, accepter, provisoirement ou à titre conservatoire, les dons et legs qui sont faits à l'Office.

Art. 61. Le conseil d'administration se réunit une fois par mois. Il est, en outre, convoqué par son président toutes les fois que les besoins du service l'exigent.

Le conseil ne peut valablement délibérer que si un quart au moins de ses membres en exercice assistent à la séance.

En cas de partage, la voix du président est prépondérante.

Les procès-verbaux sont signés par le président et par le secrétaire. Ils font mention des membres présents.

Dans les huit jours qui suivent la séance, une copie des délibérations est envoyée au ministre des travaux publics.

Art. 62. Le directeur est nommé par décret rendu sur la proposition du ministre des travaux publics; il est choisi sur une liste de trois noms, présentée par le conseil d'administration, il assure sous l'autorité du conseil d'administration, et dans les conditions prévues au présent décret, le fonctionnement des services de l'Office ainsi que l'exécution des décisions du conseil d'administration.

Le Directeur a sous ses ordres un personnel dont les conditions de recrutement et d'avancement, l'effectif et les règles de la discipline sont arrêtés par le ministre des travaux publics, sur la proposition du conseil d'administration.

Les décisions concernant la nomination et l'avancement de ce personnel ainsi que celles concernant l'application des mesures disciplinaires, sont rendues par le directeur après avis du conseil d'administration; toutefois, les décisions concernant ceux des agents de ce personnel qui sont en service détaché du ministère des travaux publics sont soumises à l'agrément du ministre.

Des agents temporaires peuvent être employés par le directeur de l'Office National du Tourisme dans la limite des crédits mis à sa disposition par le conseil d'administration, qui fixe la rétribution de ces agents.

Art. 63. A la fin de chaque année, un rapport détaillé sur le fonctionnement des services de l'Office est préparé par le directeur, soumis à l'approbation du conseil d'administration et adressé par ce dernier au ministre des travaux publics.

Ce rapport est publié au *Journal officiel*.

Art. 64 (*ainsi modifié par le décret du 30 mai 1923*). Le budget de chaque exercice de l'Office National du Tourisme est préparé par le directeur, qui le présente au Conseil d'administration au plus tard le 15 novembre de l'année précédente.

Le budget délibéré par le conseil d'administration est approuvé par décret.

Les modifications du budget reconnues nécessaires en cours d'exercice sont préparées, délibérées et approuvées dans les mêmes formes.

Art. 65. La période complémentaire de l'exercice est la même que pour les opérations du budget général de l'État.

Art. 66. Les dépenses sont engagées par le directeur en vertu des délibérations prises par le conseil d'administration, conformément aux dispositions du présent décret et dans la limite des crédits régulièrement ouverts.

Le directeur est chargé de la liquidation et de l'ordonnancement des dépenses, ainsi que de l'établissement et de la transmission à l'agent comptable des titres de recette.

Art. 67. Les opérations de recettes et de dépenses sont effectuées par un agent comptable chargé seul, et sous sa responsabilité, de faire toutes diligences pour assurer la rentrée des revenus et créances, legs, donations et autres ressources de l'Office, de faire procéder contre les débiteurs en retard aux exploits, significations, poursuites et commandements à la requête du directeur et d'acquitter les dépenses mandatées par celui-ci.

Art. 68. L'agent comptable est nommé par décret sur la proposition des ministres des travaux publics et des finances. Son traitement est fixé dans les mêmes formes.

Il est justiciable de la Cour des comptes et soumis aux vérifications de l'inspection générale des finances. Il fournit en garantie de sa gestion un cautionnement dont le montant est fixé sur la proposition du conseil d'administration par une décision concertée entre les ministres des travaux publics et des finances. Ce cautionnement peut être réalisé soit en numéraire, soit en rentes sur l'État.

Art. 69. Les recettes de l'Office National du Tourisme sont divisées en recettes ordinaires et en recettes extraordinaires.

Les recettes ordinaires comprennent :

1° Les revenus des biens ainsi que les intérêts des fonds appartenant à l'établissement;

2° Le produit de la vente des publications;

3° Les revenus des dons et legs faits au profit de l'Office;

4° Les produits de la taxe additionnelle dans les stations hydrominérales, climatiques et de tourisme;

5° Les subventions annuelles de l'État;

6° Les autres ressources d'un caractère annuel ou permanent.

Les recettes extraordinaires comprennent :

1° Le capital provenant de l'aliénation des biens;

2° Le capital provenant de dons et de legs;

3° Le montant des souscriptions et subventions accidentelles;

4° Les fonds provenant d'emprunts;

5° Les autres ressources accidentelles.

Art. 70. Les dépenses de l'Office sont divisées en dépenses ordinaires et dépenses extraordinaires.

Les dépenses ordinaires comprennent :

1° Les impositions et taxes établies par les lois;

2° Les traitements et allocations du personnel;

3° Les dépenses de location et d'entretien des bâtiments et du mobilier, le chauffage et l'éclairage, les frais d'impression et de bureau;

4° Les dépenses de la bibliothèque;

5° Les autres dépenses d'un caractère annuel et permanent.

Il est ouvert, au budget, un crédit pour dépenses imprévues.

Ce crédit est employé par le directeur.

Dans la première séance du conseil d'administration qui suivra l'ordonnancement de chaque dépense, le directeur rendra compte au conseil, avec pièces justificatives à l'appui, de l'emploi de ce crédit. Ces pièces demeureront annexées à la délibération.

Les dépenses extraordinaires comprennent les dépenses, temporaires ou accidentelles, imputées sur une des recettes extraordinaires énumérées à l'article 69 du présent décret, sur l'excédent des recettes ordinaires, y compris le service des emprunts.

Art. 71. Les fonds libres de l'Office sont versés en compte courant, sans intérêt, au Trésor, sous réserve de la possibilité, pour le conseil d'administration, de décider l'ouverture, au nom de l'agent comptable, d'un compte courant de chèques postaux dont il fixera le montant maximum.

Le conseil d'administration peut décider, sous réserve de l'approbation du ministre des travaux publics, que les fonds excédant les besoins prévus seront placés en valeurs de l'État.

Art. 72 (*ainsi modifié par le décret du 30 mai 1923*). L'excédent annuel des recettes sur les dépenses est reporté, de plein droit, sous une rubrique spéciale au budget de l'exercice en cours.

L'excédent disponible peut être versé au fonds de réserve, lequel est constitué en valeurs d'État.

Les prélèvements à effectuer sur le fonds de réserve sont décidés par délibération du conseil d'administration soumise à l'approbation du ministre des travaux publics.

Art. 73. La constatation des valeurs de caisse et de portefeuille de l'Office National est faite au 31 décembre par le conseil d'administration qui arrête la situation, à cette date, des valeurs mobilières et immobilières de l'établissement.

Le conseil d'administration peut déléguer, à cet effet, un ou plusieurs de ses membres.

Art. 74. L'agent comptable est soumis, pour tout ce qui n'est pas prévu au présent décret, aux mêmes règles que les comptables du Trésor.

Art. 75. Les comptes d'administration du directeur et les comptes de gestion de l'agent comptable sont soumis, avant le 1er juillet de l'année suivante, au conseil d'administration.

Les comptes du directeur, après leur approbation par le conseil d'administration, sont soumis à l'approbation du ministre avant le 1er août qui suit la clôture de l'exercice.

Les comptes de gestion de l'agent comptable indiquent la distinction, par exercice, des faits de recettes et de dépenses. Ils sont établis en double expédition. L'une des expéditions, visée par le ministre, est déposée au greffe de la Cour des comptes, avec les pièces justificatives à l'appui, dans le courant du mois de septembre qui suit la clôture de l'exercice.

Art. 76. Des arrêtés, pris de concert par les ministres des travaux publics et des finances, règlent la forme du budget et des comptes de l'Office National, la tenue des livres et des écritures du directeur et du comptable et fixent la nomenclature des pièces justificatives des recettes et des dépenses.

Art. 77. Chaque année, les comptes administratifs relatifs à l'emploi du produit des taxes perçues dans les stations de tourisme par application de l'article 11 de la loi du 24 septembre 1919 sont transmis à l'Office National du Tourisme avec les délibérations des chambres d'industrie touristique, relatives à l'emploi de ces taxes. Le conseil d'administration de l'Office, après avoir procédé à l'examen de ces comptes, adresse au ministre des travaux publics, sur l'emploi fait dans les diverses stations du produit des taxes, un rapport d'ensemble qui est publié au *Journal officiel*.

CHAPITRE V.

Conseil supérieur du tourisme.

Art. 78 (*modifié par les décrets des 29 juillet 1925 et 15 juin 1926*). Le Conseil supérieur du tourisme, institué en application de l'article 17 de la loi du 24 septembre 1919, comprend 24 membres de droit et 88 membres nommés pour quatre ans par arrêté du ministre des travaux publics.

Sont membres de droit :

Le rapporteur général du budget au Sénat;

Le rapporteur du budget des travaux publics à la commission des finances du Sénat;

Le président du groupe parlementaire du tourisme au Sénat;

Le rapporteur général du budget de la Chambre des députés;

Le rapporteur du budget des travaux publics à la Chambre des députés;

Le président du groupe parlementaire du tourisme à la Chambre des députés;

Le président de la section des travaux publics au Conseil d'État;

Les deux représentants du ministre du commerce et de l'industrie au conseil d'administration de l'Office National du Tourisme;

Un représentant du ministère des Finances;

Le directeur chargé des services de l'Office National du Tourisme au ministère des travaux publics;

Le directeur des chemins de fer au ministère des travaux publics;

Le directeur de la navigation aérienne au ministère des travaux publics;

Le directeur des affaires administratives et techniques au ministère des affaires étrangères;

Le directeur général des Douanes;

Le directeur de l'administration départementale et communale au ministère de l'intérieur;

Le directeur de l'assistance et de l'hygiène publiques;

Le directeur de l'exploitation postale au ministère du commerce, de l'industrie, des postes et des télégraphes;

Le directeur général des eaux et forêts au ministère de l'agriculture;

Le directeur des beaux-arts au ministère de l'instruction publique et des beaux-arts;

Le président de la commission permanente des stations hydrominérales et climatiques de France;

Le président de la 1re section du conseil supérieur des travaux publics au ministère des travaux publics;

Le président du conseil d'administration de l'Office National du Tourisme;

Le directeur de l'Office National du Tourisme.

Les membres nommés par le ministre comprennent :

Neuf membres pris dans le Conseil d'État, la Cour de cassation, la Cour des comptes et dans les administrations publiques;

Trois membres des chambres de commerce;

Sept représentants des administrations de chemins de fer;

Trois représentants de la navigation intérieure ou maritime;

Dix-neuf représentants des stations de tourisme;

Dix-neuf représentants des stations hydrominérales et climatiques, dont quatre médecins hydrologues:

Trois représentants des associations constituées pour la défense des paysages, sites et monuments naturels de la France;

Deux représentants du tourisme nautique;

Un représentant du tourisme colonial;

Un représentant du tourisme aérien;

Quatre représentants de l'industrie hôtelière;

Dix-sept membres choisis par le Ministre parmi les personnes pouvant contribuer utilement au développement du tourisme.

Art. 79. Le Conseil supérieur du tourisme est présidé par le Ministre des travaux publics.

Le président du Conseil d'administration de l'Office National du Tourisme est de droit vice-président du Conseil supérieur du tourisme. Trois autres vice-présidents sont nommés pour un an par le Ministre des travaux publics parmi les membres du conseil supérieur.

Les fonctions de secrétaire au conseil supérieur sont remplies par le secrétaire du conseil d'administration de l'Office National du Tourisme.

Art. 80. Le conseil supérieur se réunit au moins une fois par an. Il reçoit communication des rapports sur le fonctionnement de l'Office, prévus par l'article 63 du présent décret. Il propose toutes mesures qui lui paraissent utiles en vue du développement du tourisme.

Art. 81. Les procès-verbaux du Conseil supérieur du tourisme sont signés par le président et le secrétaire. Ils sont transcrits sur un registre spécial et communiqués au Ministre des travaux publics dans le délai d'un mois.

TITRE III.

Taxes additionnelles.

Art. 82. Des arrêtés du Ministre des travaux publics, rendus sur la proposition du conseil d'administration de l'Office National du Tourisme, détermineront au début de chaque année le taux de la taxe additionnelle dans chaque station.

Art. 83. Les produits de la taxe additionnelle sont versés à la caisse municipale et donnent lieu à un compte spécial. Les fonds ainsi recueillis sont versés mensuellement à la caisse du trésorier général du département pour être remis à l'Office National du Tourisme par l'intermédiaire de la caisse centrale du Trésor public en distinguant ceux qui proviennent des stations hydrominérales ou climatiques de ceux qui sont fournis par les stations de tourisme.

Art. 84. Le 30 juin et le 31 décembre, l'Office National du Tourisme verse entre les mains du trésorier de l'Institut d'hydrologie de l'École pratique des hautes études. rattaché au Collège de France par arrêté ministériel du 3 mars 1913, 25 p. 100 des recettes par lui effectuées, par application de l'article 80 au titre des stations hydrominérales ou climatiques.

Art. 85. Le Ministre des travaux publics transmet chaque année au Ministre chargé de l'hygiène publique un état détaillé des recettes et des dépenses effectuées par l'Office National du Tourisme sur l'utilisation du produit de la taxe additionnelle.

TITRE IV.

Dispositions générales et transitoires.

Art. 86. Les communes, fractions de communes ou groupes de communes classés à titre de stations hydrominérales ou climatiques, en application de la loi du 13 avril 1910, conservent le bénéfice de leur classement antérieur, et dans le cas où l'application des dispositions de la loi du 24 septembre 1919 et de celles du présent décret ne pourraient être intégralement réalisées avant la saison 1920, elles continueront à percevoir durant l'année 1920 les taxes actuellement en vigueur.

TITRE V.

(Ainsi rédigé par le décret du 30 mai 1923.)

Des groupes de communes érigés en stations hydrominérales, climatiques et de tourisme.

Art. 87. Lorsqu'une station hydrominérale, climatique ou de tourisme s'étend sur un groupe de communes, il est pourvu à sa gestion, soit par un syndicat de communes, institué conformément aux articles 169 et suivants de la loi du 5 avril 1884, dont il appartient au préfet de provoquer la constitution, soit, à défaut de syndicat de communes, au moyen de conférences intercommunales créées conformément à l'article 117 de la loi du 5 avril 1884, conférences dans lesquelles seront débattues les questions relatives au fonctionnement de la station et à son développement par des travaux d'assainissement ou d'embellissement, ainsi que l'emploi des recettes provenant de la taxe. Dans ces conférences, chaque conseil municipal sera représenté par une commission spéciale, nommée à cet effet, et composée de trois membres, nommés au scrutin secret.

Les préfets et les sous-préfets des départements et arrondissements comprenant les communes intéressées pourront toujours assister à ces conférences.

Les commissions composant les conférences intercommunales seront renouvelées après chaque renouvellement des conseils municipaux et il sera pourvu aux vacances à la première session du conseil municipal.

Les conférences intercommunales élisent leur président et leur secrétaire. Elles sont convoquées soit par le président, soit sur la demande de la moitié de leurs membres, soit par le préfet.

Elles ne peuvent délibérer que si la moitié des membres en exercice assistent à la séance. Les délibérations sont prises à la majorité absolue des votants.

Elles sont adressées dans la huitaine au préfet et aux maires des communes groupées.

Les décisions qui y seront prises seront exécutoires dans les conditions prévues à l'article 117 de la loi du 5 avril 1884.

Art. 88. Dans les groupes de communes érigées en stations et qui ne sont pas constituées en syndicats de communes, la chambre d'industrie sera composée de la façon suivante :

Chacune des communes groupées sera représentée par le maire et deux délégués du conseil municipal.

Le nombre des membres, élus et choisis parmi les personnes appartenant aux catégories de professions intéressées au développement de la station, sera augmenté en conséquence pour former la moitié du personnel de la chambre.

Il sera dressé dans la station une liste électorale pour chacune des communes groupées; cette liste sera établie par une commission composée :

D'un délégué du préfet, président;

D'un membre de chacun des conseils municipaux des communes groupées;

D'un nombre égal des membres de la chambre d'industrie.

Les listes électorales seront déposées à la mairie de chacune des communes groupées.

Lorsqu'il y a lieu de procéder à des élections, il est constitué un bureau de vote dans chaque commune. Dans chaque catégorie de professions, chaque commune constitue une section électorale ayant à élire un nombre de membres de la chambre proportionnel au nombre des électeurs inscrits.

Par dérogation aux dispositions de l'article 34, des élections complémentaires auront lieu en cas de vacances, tous les ans, au début de la saison qui suivra la vacance. Si la vacance a lieu au cours de la saison, les opérations électorales auront lieu sans délai.

Dans les groupes de communes érigés en stations gérées par un syndicat de communes, les chambres d'industrie sont composées, conformément aux dispositions des articles 22 et suivants pour les stations hydrominérales et climatiques et des articles 51 et suivants pour les stations de tourisme, et sous réserve de remplacement du maire par le président du syndicat, et du conseil municipal par le comité du syndicat.

Art. 89. Le Ministre des travaux publics, le Ministre de l'hygiène, de l'assistance et de la prévoyance sociales, le Ministre de l'intérieur et le Ministre des finances sont chargés, chacun en ce qui le concerne, de l'exécution du présent décret qui sera publié au *Journal officiel* de la République française et inséré au *Bulletin des lois.*

CIRCULAIRE DU 20 JUIN 1922

ÉTABLISSANT UN QUESTIONNAIRE SUR L'HYGIÈNE PUBLIQUE (1).

STATIONS DE TOURISME.

CLASSEMENT.

CONSTITUTION DES DOSSIERS.

QUESTIONNAIRE concernant l'hygiène publique.

CIRCULAIRE Série B. N° 48.

RÉPUBLIQUE FRANÇAISE.

MINISTÈRE DES TRAVAUX PUBLICS.

VOIRIE ROUTIÈRE. — 2e BUREAU.

Paris, le 20 juin 1922.

Le Ministre,

à Monsieur le Préfet d

Le Conseil supérieur d'hygiène publique de France, appelé à émettre un avis sur le classement des stations de tourisme, en exécution de l'article 10 de la loi du 24 septembre 1919, a été amené, maintes fois, à constater que les dossiers produits à l'appui des demandes de classement contiennent, en ce qui concerne l'état sanitaire et les conditions hygiéniques de la future station, des renseignements trop incomplets pour qu'il soit possible à la Haute-Assemblée de se prononcer en connaissance de cause. Le Conseil Supérieur est alors, dans la presque généralité des cas, obligé de formuler lui-même un question-

(1) Seul le texte de la circulaire est reproduit ici. Celui du questionnaire lui-même figure dans le Titre II (*La Procédure*), page 39.

naire détaillé; la marche des affaires subit, de ce fait, des retards qui m'empêchent de statuer dans les trois mois qui suivent l'envoi du dossier, comme le prescrit l'article 47 du décret du 4 mai 1920. Cette situation a, du reste, l'inconvénient de décourager les municipalités par une véritable reprise de l'instruction des affaires, alors qu'elles peuvent, de bonne foi, penser avoir déjà satisfait à toutes les exigences administratives.

Comme il importe à la fois d'éclairer sans restrictions le Conseil Supérieur d'hygiène publique de France et d'appeler, dès le début de la procédure de classement, l'attention des communes sur l'importance de la question de l'hygiène publique et des améliorations d'ordre sanitaire à réaliser ultérieurement dans la station, en y affectant une notable partie des produits de la taxe de séjour, je vous prie de n'instruire désormais, que les demandes accompagnées d'une réponse au questionnaire ci-joint, dont l'Office National du Tourisme (rue de Surène, 17, à Paris) tiendra des exemplaires à votre disposition.

La première partie du questionnaire, que devront remplir les municipalités a été réduite au minimum, surtout en ce qui concerne les villes de faible importance. Les plans demandés ne sont pas exigés d'une façon impérative, eu égard à la difficulté que rencontreraient certaines communes à les faire établir; vous devrez néanmoins vous attacher à les obtenir chaque fois que l'impossibilité matérielle de les produire ne sera pas démontrée. Dans les villes de plus de 20,000 habitants pourvues d'un bureau d'hygiène, cet organe sera appelé à fournir des renseignements un peu plus techniques.

Le rapporteur de l'affaire devant le bureau départemental d'hygiène, devra répondre aux questions qui font l'objet de la deuxième partie, concernant principalement les mesures générales d'hygiène.

J'invite le Directeur de l'Office National du Tourisme à veiller strictement à l'application des présentes instructions et à ne me soumettre à l'avenir, que des dossiers de classement accompagnés, dès l'origine, de toutes justifications utiles.

Le Ministre des travaux publics,

Signé : Yves Le Trocquer.

CIRCULAIRE DU 23 JUIN 1922

RELATIVE
AUX SUBVENTIONS À ACCORDER AUX SYNDICATS D'INITIATIVE
SUR LE PRODUIT DE LA TAXE DE SÉJOUR.

Paris, le 23 juin 1922.

Le Ministre des travaux publics,
à Messieurs les Préfets.

La loi du 24 septembre 1919, qui a créé les stations hydrominérales, climatiques et de tourisme, les a autorisées à percevoir une taxe de séjour.

Cette taxe doit avoir pour objet de permettre à la municipalité d'entreprendre des travaux nécessaires à l'assainissement et à l'amélioration de la station.

Ces travaux doivent être effectués par le conseil municipal, d'accord avec la Chambre d'industrie thermale, climatique ou de tourisme, qui fonctionnera dans chaque station.

D'autre part, vous connaissez les efforts poursuivis depuis plusieurs années par les Syndicats d'initiative locaux pour développer le tourisme en France.

Il m'apparaît que ces organismes, aussi actifs que désintéressés, doivent être pour les Chambres d'industrie des collaborateurs précieux.

En particulier, le décret réglementaire confiant aux Chambres d'industrie la charge d'organiser des bureaux de renseignements à l'usage des visiteurs, j'estime que ce serait faire preuve d'une heureuse décentralisation que de confier aux Syndicats d'initiative la gestion de ces bureaux, en leur fournissant en même temps sur le produit de la taxe de séjour, les moyens nécessaires à leur fonctionnement.

C'est à la Chambre d'industrie, d'accord avec le conseil municipal, qu'il appartient de prendre cette décision, et je serais heureux si vous vouliez bien attirer l'attention des maires de votre département sur l'utilité d'une pareille mesure.

En conséquence, je vous prie de bien vouloir insérer la présente lettre dans le recueil des Actes administratifs de votre département.

Signé : Y. Le Trocquer.

CIRCULAIRE DU 16 NOVEMBRE 1923

RELATIVE À L'APPLICATION DE LA LOI DU 24 SEPTEMBRE 1919 PORTANT CRÉATION DE STATIONS HYDROMINÉRALES, CLIMATIQUES ET DE TOURISME ET AUTORISATION DE PERCEVOIR UNE TAXE DE SÉJOUR.

Paris, le 16 novembre 1923.

Les ministres de l'hygiène, de l'assistance et de la prévoyance sociales, et des travaux publics,

à MM. les préfets.

Le décret du 4 mai 1920, portant règlement d'administration publique pour l'application de la loi du 24 septembre 1919, qui a créé les stations hydrominérales, climatiques et de tourisme et les a autorisées à percevoir une taxe de séjour, était, en grande partie, la reproduction du décret réglementaire pris en exécution de la loi du 13 avril 1910.

Après trois années d'application de ce décret, il est apparu qu'il serait utile d'y apporter différentes modifications de détail rentrant dans le cadre de la loi du 24 septembre 1919; elles ont pris place dans le décret du 30 mai 1923, inséré au *Journal officiel* du 9 juin 1923, sur lequel nous croyons devoir appeler votre attention; car, de votre vigilance dépend, en grande partie, la prospérité de nos stations, par l'emploi, rigoureusement conforme aux prescriptions du législateur, du produit de la taxe de séjour.

Vous trouverez ci-après, des précisions relatives aux principales modifications résultant du nouveau décret.

Art. 4. Le paragraphe 5 de l'ancien article, qui disposait que, pour la perception de la taxe, le jour d'arrivée et le jour de départ des assujettis n'étaient comptés que pour une demi-journée, est supprimé : on payera, dorénavant, la taxe de séjour par nuit passée dans la station ; la taxe ne pourra être perçue pour une durée supérieure à vingt-huit jours pour un seul et même séjour, alors même que ce séjour chevaucherait sur deux années différentes comme cela a lieu dans les stations du Midi où les hivernants arrivent, en général, au début de décembre, pour ne repartir qu'en mars ou avril.

Toutefois, dans les stations ayant deux saisons distinctes, par exemple, une saison d'été et une saison d'hiver, la taxe pourra être perçue pendant quatre semaines, au cours de chacune des deux saisons.

Un paragraphe 6 ajouté à cet article précise que c'est par un arrêté du maire, et sur la proposition de la chambre d'industrie, que les hôtels, villas et appartements meublés sont classés dans leur catégorie, pour l'application du tarif de la taxe de séjour.

Art. 18. La nouvelle rédaction de cet article intervertit l'ordre dans lequel les diverses assemblées sont appelées à donner leur avis sur les états de prévision des recettes et des dépenses relatives à l'emploi de la taxe. Cet article exige que la chambre d'industrie émette un avis pendant la saison, afin que les membres saisonniers de ladite chambre puissent assister à la réunion.

Art. 20. Le paragraphe 3 ajouté à cet article porte comme innovation l'affichage dans les mairies, hôtels, syndicats d'initiative et bureaux de renseignements d'un tableau portant indication précise et détaillée de l'emploi de la taxe de séjour au cours de l'année précédente. Il vous appartiendra d'exiger que les municipalités se conforment aux prescriptions de cet article.

Art. 25. La rédaction de l'ancien article 26 est légèrement modifiée et il est ajouté un paragraphe disposant que, dans les petites stations où une catégorie prévue n'existe pas, le préfet peut faire appel à des personnes exerçant la profession envisagée dans les communes voisines.

Art. 34. Le paragraphe 5 ajouté à cet article prévoit le cas où les électeurs à une ou plusieurs catégories refuseraient de voter : la chambre d'industrie pourra fonctionner, sans qu'il y ait lieu de pourvoir à la représentation de la catégorie défaillante.

Art. 35. En l'absence d'ordonnateur désigné parmi les membres du bureau, c'est le président ou son délégué qui en fera fonction.

Art. 37. Le paragraphe 3 est remplacé par une disposition édictant que les vœux émis par les chambres d'industrie thermale, climatique et de tourisme (suivant l'article 53) devront être soumis, dans un délai de trois mois, à l'examen de la commission permanente des stations hydrominérales et climatiques ou à l'Office National du Tourisme.

J'appelle votre attention sur la nécessité qu'il y aura, en transmettant ces vœux, de les accompagner de tous renseignements et éclaircissements utiles, en vue de permettre à la commission permanente des stations hydrominérales et climatiques et à l'Office National du Tourisme de les examiner en toute connaissance de cause.

TITRE V. — Il est ajouté au décret du 4 mai 1920 un titre V (art. 87 et 88) : «Des groupes de communes érigés en stations hydrominérales, climatiques et de tourisme».

Souvent, en effet, les stations se trouvent sur le territoire de deux ou plusieurs communes, et il importe que le fonctionnement des stations soit assuré par un texte précis.

Affectation de la taxe de séjour.

L'examen des comptes administratifs de l'emploi du produit de la taxe de séjour montre que les conseils municipaux des communes intéressées ne donnent pas toujours à ces recettes l'affectation nettement spécialisée prévue par la loi du 24 septembre 1919 (art. 1er et 10) et par le décret du 4 mai 1920.

Il vous appartient, en votre qualité de tuteurs des communes et en vertu des droits qui vous sont conférés par l'article 18 du décret du 4 mai 1920, de veiller à ce que les municipalités respectent les règles légales.

La loi du 24 septembre 1919 stipule que sont seules effectuées au moyen des ressources provenant des taxes de séjour, les dépenses qui peuvent concourir au développement et à la prospérité de la station. Tel est le principe général qui doit vous guider dans l'examen de tous les cas particuliers. Vous devrez donc, en examinant les états de prévision produits par les communes, rechercher, à propos de chaque article, dans quelle mesure les dépenses proposées intéressent réellement la «station».

Les travaux d'assainissement et d'embellissement, qui ne peuvent que contribuer à l'heureux développement de la station, ont été formellement visés par le législateur, quelle que soit la catégorie de station envisagée. En ce qui concerne les stations de tourisme, la loi (art. 10) ouvre un champ d'action encore plus large aux initiatives puisqu'elle permet d'affecter la taxe de séjour à «l'amélioration des conditions d'accès, d'habitation, de séjour ou de circulation». Les municipalités ont donc une très grande latitude pour l'emploi de la taxe; elles doivent, pour ce motif, s'attacher scrupuleusement à lui donner une affectation conforme à la loi.

La taxe de séjour n'est pas destinée à faire face au payement de dépenses qui, soit par leur nature, soit en vertu d'un texte de loi formel, soit par l'effet de décisions librement prises par les conseils municipaux, incombent normalement aux communes et doivent figurer au budget municipal. C'est ainsi, par exemple, que les frais d'édification d'une mairie, ou les arrérages d'amortissement d'un emprunt contracté antérieurement à l'établissement de la taxe pour l'exécution de travaux communaux, ne sauraient normalement trouver place dans le budget de la taxe de séjour.

D'ailleurs, pour vous guider sur ce point vers une exacte interprétation de la loi, nous croyons devoir vous indiquer, ci-après, la jurisprudence adoptée dans certains cas d'espèce, soit par la commission permanente des stations hydrominérales et climatiques, soit par l'Office national du Tourisme.

En ce qui concerne les stations qui n'ont obtenu leur reconnaissance qu'à la condition qu'elles entreprendraient immédiatement, des travaux d'assainissement (réseaux d'égouts, adduction d'eau potable), il convient de veiller à ce qu'une partie importante des ressources provenant de la taxe de séjour soit consacrée aux travaux prescrits par le conseil supérieur d'hygiène publique de France.

«A cet égard, la jurisprudence du Conseil d'État tend de plus en plus à exiger des stations, avant de les autoriser à percevoir la taxe de séjour, l'établissement d'un programme de travaux d'hygiène, sauf à recourir, pour leur exécution, à un emprunt gagé sur tout ou partie des produits de la taxe. En pareil cas, la taxe serait autorisée pour une durée au moins égale à celle de l'amortissement prévu et un décret unique autoriserait à la fois la perception de la taxe et l'emprunt. Je ne saurais trop appeler votre attention et celle des communes sur les avantages de cette méthode qui, seule, peut permettre de réaliser un ensemble de mesures efficaces pour l'assainissement de la station, tandis que l'exécution partielle des travaux, à concurrence des seuls produits annuels de la taxe, entraîne, quelles que soient les bonnes volontés locales, la dispersion des efforts et, partant, de mauvais résultats.»

Pour l'application des dispositions de l'article 1er, paragraphe 3, de la loi du 24 septembre 1919, relatives au traitement des indigents dans les stations thermales et climatiques, il ne faut pas oublier que ces dispositions ne concernent pas les habitants de la localité, mais les seuls nécessiteux étrangers à la commune qui viennent se soigner dans la station; il est inadmissible qu'en portant des sommes importantes à un chapitre intitulé «Soins à donner aux indigents», des municipalités cherchent, en réalité, à diminuer, dans la même proportion, les frais d'assistance médicale gratuite qui leur incombent.

Les communes ne doivent pas, non plus, imputer sur le budget de la taxe de séjour la totalité des dépenses de voirie qu'elles ont à effectuer. La construction et la réfection des voies intéressant uniquement la station, ou, pour toutes les routes de la localité, l'entretien spécial que nécessite pendant la saison l'affluence des baigneurs ou touristes (goudronnage, arrosage, etc.), ainsi que le matériel utile pour cet entretien, peuvent seuls être payés intégralement au moyen des recettes de la taxe de séjour. Pour tous les autres travaux de voirie et d'assainissement doit seulement être admise la coopération de la «station», dans la mesure de son intérêt, aux frais supportés par la collectivité administrative.

Par contre, la réalisation, au moyen des ressources de la taxe de séjour, de la restauration ou de l'aménagement des établissements thermaux appartenant aux communes a paru absolument justifiée et correspondant exactement aux prescriptions de la loi. Lorsque ces établissements sont concédés à un exploitant, ou sont propriété privée, des subventions peuvent être allouées et acquittées, à l'aide du produit de la taxe; mais une part des dépenses doit rester à la charge du concessionnaire ou du propriétaire particulier.

La création d'un bureau de renseignements est prévue expressément par le décret du 4 mai 1920 (art. 38). Il convient donc d'accorder à la chambre d'industrie les subventions nécessaires à cet effet.

Lorsqu'il est démontré que l'organisation des fêtes publiques peut avoir un effet particulièrement efficace au point de vue de la fréquentation de la station, un prélèvement à cette fin sur les recettes de la taxe de séjour peut être autorisé à titre exceptionnel, à la condition, toutefois, que les crédits inscrits sous cette rubrique à l'état de prévision soient peu élevés.

La même règle doit être suivie en ce qui concerne les frais de publicité.

Nous estimons qu'en vous inspirant de ces indications, vous pourrez, désormais, éviter tout emploi abusif du produit de la taxe de séjour ou de tourisme.

Vous ne devrez, d'ailleurs, jamais hésiter à refuser d'approuver un budget communal qui contiendrait une affectation des recettes de la taxe de séjour ou de tourisme contraire au texte ou à l'esprit de la loi du 24 septembre 1919. A cet effet, et pour permettre de se rendre un compte exact de l'emploi de cette ressource, il convient que les sommes encaissées et dépensées sur le produit de la taxe de séjour forment un chapitre à part dans le budget communal. Dans ce chapitre seront inscrites les recettes, et les dépenses seront, en outre, détaillées, article par article, avec indications précises des travaux et des différentes affectations données au produit de la taxe.

Frais de perception.

La commission permanente des stations hydrominérales et climatiques a, maintes fois, exprimé l'avis qu'il y avait lieu d'uniformiser les procédés adoptés jusqu'ici, et de mettre fin à des abus regrettables. En conséquence, la totalité des frais de perception des taxes ne devra, en aucun cas, dépasser 5 p. 100 du produit brut global de la taxe (taxe de séjour et taxe additionnelle comprise) pour la première tranche de 100,000 francs et 3 p. 100 pour tout produit supérieur à ce chiffre, avec cette observation :

1° Que ces prélèvements de 5 p. 100 et 3 p. 100 ne sont indiqués qu'à titre de maximum. Aussi devra-t-on toujours rechercher si ce chiffre n'est pas trop élevé et s'efforcer de le réduire, dans toute la mesure du possible ;

2° Que les frais de perception de la taxe comprennent, non seulement les traitements ou indemnités des agents collecteurs de la taxe et des employés chargés du contrôle et de la centralisation des produits de la taxe, mais encore les frais annexes (acquisition de livres, registres, imprimés, divers).

Le conseil d'administration de l'Office National du Tourisme a décidé, en ce qui concerne la taxe additionnelle, perçue pour son compte par les municipalités, que les frais qu'entraîne sa perception peuvent, dans la limite des maxima ci-dessus et sous réserve de la production de justifications détaillées, être imputés sur son produit.

Autonomie des chambres d'industrie thermale, climatique et de tourisme.

Aux termes des articles 37 et 53 du décret du 4 mai 1920, la chambre d'industrie thermale, climatique ou de tourisme est spécialement chargée de veiller à ce que le produit des taxes de séjour reçoive une affectation conforme à sa destination légale.

Or, il est apparu à la commission permanente des stations hydrominérales et climatiques et au conseil d'administration de l'Office National du Tourisme que les municipalités n'ont pas toujours observé dans leurs prévisions d'utilisation du produit de la taxe de séjour, les intentions du législateur.

Il y aurait donc grand intérêt à ce que, usant de la faculté qu'elles tiennent de l'article 7, paragraphe 7, de la loi du 24 septembre 1919 et de l'article 35, paragraphe 4, du décret du 4 mai 1920, les municipalités, par une délibération approuvée par vous, confient à la chambre d'industrie thermale, climatique ou de tourisme la gestion complète des fonds provenant du produit de la taxe.

Ce groupement, qui est composé, en plus des membres de la municipalité, de personnalités représentant les intérêts propres de la station, semble pouvoir être, pour le conseil municipal, un agent d'exécution tout indiqué en cette matière et la loi lui a conféré la capacité nécessaire à cet effet.

Emprunts.

La loi du 15 novembre 1922 a élevé votre compétence à 3 millions de dette communale, en ce qui concerne l'approbation des emprunts communaux amortissables en trente annuités.

Or, au cas où un emprunt sollicité par une commune est stipulé remboursable à l'aide du produit de la taxe de séjour, on peut se trouver en présence de deux compétences différentes : celle du Gouvernement, après avis du Conseil d'État, en ce qui concerne la prorogation de la durée de perception de la taxe de séjour (art. 5 du décret du 4 mai 1920) et la vôtre, en ce qui concerne l'autorisation d'emprunter.

Il est préférable, en vertu du principe de connexité, que le Conseil d'État soit appelé à donner son avis sur l'ensemble.

C'est, par suite, M. le ministre de l'intérieur qui sera appelé à saisir le Conseil d'État des projets de décrets, les ministres de l'hygiène, de l'assistance et de la prévoyance sociales et des travaux publics n'intervenant que pour la prorogation de la durée de la taxe de séjour.

Production des comptes rendus et comptes administratifs des chambres d'industrie et des conseils municipaux, nécessaires pour permettre à la commission permanente des stations hydrominérales et climatiques et à l'Office National du Tourisme d'établir les rapports annuels prévus par la loi.

Aux termes des articles 8 et 16 de la loi, la commission permanente des stations hydrominérales et climatiques et le conseil d'administration de l'Office National du Tourisme doivent dresser, chaque année, un rapport détaillé contenant leurs observations sur l'emploi fait des taxes de séjour dans les stations, au cours de l'année précédente.

Afin de pouvoir exercer le contrôle qui leur est dévolu par la loi, il est indispensable que ces assemblées soient mises en possession, en temps utile, des comptes administratifs établis par les municipalités, ainsi que par les chambres d'industrie, et du compte rendu annuel des travaux de celles-ci, avec toutes leurs observations relatives à l'emploi fait de la taxe par les municipalités dans leurs stations.

Dans l'état actuel, la plupart des stations ne fournissent qu'incomplètement ou trop tardivement lesdites pièces.

Nous devons donc insister auprès de vous pour que vous vouliez bien faire part aux municipalités et aux chambres d'industrie de l'absolue nécessité de fournir, le 1er juillet au plus tard, leurs comptes administratifs.

Des pièces justificatives et explicatives devront y être jointes.

Il convient, enfin, de faire remarquer aux chambres d'industrie que le rôle qui leur est conféré par la loi, comporte un contrôle très strict de l'affectation de la taxe de séjour ; aussi est-il essentiel que le compte rendu exigé par le décret (art. 37) soit détaillé et précis, afin de permettre d'apprécier l'utilité des travaux entrepris pour le développement de la station et les avantages que lui a procurés la perception de la taxe de séjour.

Ces prévisions, qui figureront aux rapports publiés au *Journal officiel*, seront l'utile complément des nouvelles dispositions de l'article 20, paragraphe 3 (nouvelle rédaction du décret), qui porte affichage obligatoire de l'emploi de la taxe à la mairie, dans les hôtels et au bureau de renseignements de la station.

Il importe, en effet, de ne laisser planer aucun doute sur l'utilité et sur le rendement de taxes, qui, sans imposer aux assujettis une charge excessive, doivent leur être directement profitables par une contribution chaque jour plus efficace à l'assainissement et à l'embellissement de stations de santé et de tourisme dont le développement offre un véritable intérêt national.

Le ministre de l'hygiène,
de l'assistance et de la prevoyance sociales,
Paul STRAUSS.

Le ministre des travaux publics,
Yves Le TROCQUER.

CIRCULAIRE DU 24 FÉVRIER 1926

AUTORISANT LES HÔTELIERS, DANS LES STATIONS DE TOURISME, À NE TENIR QU'UN REGISTRE UNIQUE DE POLICE ET DE TAXE DE SÉJOUR.

DIRECTION
DE LA
SÛRETÉ GÉNÉRALE.

3e BUREAU.

REGISTRE DE POLICE.

N° 21.

RÉPUBLIQUE FRANÇAISE.

MINISTÈRE DE L'INTÉRIEUR.

Paris, le 24 février 1926.

Le Ministre de l'Intérieur
à Messieurs les Préfets,

Le 30 mars dernier, j'ai informé les préfets des départements comprenant des localités classées comme stations hydrominérales et climatiques que, après accord avec M. le ministre du travail et de l'hygiène, j'avais décidé, dans un but de simplification et de contrôle, que les hôteliers de ces stations seraient autorisés à ne tenir qu'un registre unique de police et de taxe de séjour, sous réserve de l'observation des recommandations suivantes :

1° Tous les voyageurs, sans exception, même s'ils ne sont pas soumis à la taxe de séjour, devront être inscrits sur le registre;

2° Tous les hôteliers devront se conformer pour l'inscription des voyageurs aux instructions qui leur ont été données au sujet de la tenue des registres de police, notamment en ce qui concerne la justification de l'identité de ces voyageurs;

3° Les nouveaux registres devront être tenus à la disposition des services de police qui pourront, en tout temps, les consulter sur place et devront les viser périodiquement.

J'ai l'honneur de vous faire connaître que, conformément au désir qui m'en a été exprimé par M. le ministre des travaux publics, je viens de décider que le régime ci-dessus indiqué serait étendu aux stations de tourisme, dont le classement et le fonctionnement sont également réglés par la loi du 24 septembre 1919 qui a institué la taxe de séjour pour les trois catégories de stations.

Je vous prie de vouloir bien en informer MM. les maires des communes intéressées.

Pour le Ministre :

Le Directeur de la Sûreté générale,

CHIAPPE.

ART. 475, § 2, DU CODE PÉNAL.

ART. 475. Seront punis d'amendes depuis six francs jusqu'à dix francs inclusivement :

. . . .

§ 2. Les aubergistes, hôteliers, logeurs ou loueurs de maisons garnies, qui auront négligé d'inscrire de suite et sans aucun blanc, sur un registre tenu régulièrement les noms, qualités, domicile habituel, dates d'entrée et de sortie de toute personne qui aurait couché ou passé la nuit dans leurs maisons; ceux d'entre eux qui auraient manqué à représenter ce registre aux époques déterminées sur les règlements, ou lorsqu'ils en auraient été requis, aux maires, adjoints, officiers ou commissaires de police, ou aux citoyens commis à cet effet, le tout sans préjudice des cas de responsabilité mentionnés en l'article 73 du présent Code, relativement aux crimes ou aux délits de ceux qui, ayant logé ou séjourné chez eux, n'auraient pas été régulièrement inscrits.

. . . .

TABLE DES MATIÈRES.

Pages.

Introduction....... 7

TITRE I.

NOTIONS GÉNÉRALES SUR LES STATIONS DE TOURISME.

Chapitre premier.

Définitions préliminaires.

Qu'est-ce qu'une station de tourisme?....... 11
Qu'est-ce que la taxe de séjour?....... 12
Qu'est-ce qu'une Chambre d'industrie touristique?....... 12

Chapitre II.

Obligations imposées et avantages conférés par l'érection d'une commune en station de tourisme.

A quoi s'engage une commune lorsqu'elle demande sa reconnaissance en station de tourisme?....... 13
Quels avantages une commune peut-elle espérer en retirer?....... 16

TITRE II.

LA PROCÉDURE.

Chapitre premier.

Érection en station de tourisme et institution d'une Chambre d'industrie touristique.

Tableau de la procédure à suivre....... 21
Observations générales....... 25

Délibération du conseil municipal.............................. 26
Questionnaire concernant l'hygiène publique...................... 38
Enquête.. 48
Exemple de décret érigeant une commune en station de tourisme et créant une chambre d'industrie touristique.................. 48

Chapitre II.

Autorisation de percevoir la taxe de séjour.

Tableau de la procédure à suivre................................ 51
Tarifs-types.. 52
Exemptions et atténuations...................................... 54
Affectation du produit de la taxe de séjour...................... 55
Exemple de décret autorisant la perception d'une taxe de séjour....... 59

Chapitre III.

Emprunt gagé sur la taxe de séjour.

Tableau de la procédure à suivre................................ 63
Observations... 64
Exemple de décret autorisant un emprunt gagé sur la taxe de séjour.... 65

Chapitre IV.

Modifications du régime de la taxe de séjour.

Tableau de la procédure à suivre................................ 69
Observations... 70
Exemple de décret autorisant, dans une station de tourisme, la perception de la taxe de séjour pour une nouvelle durée de 2 ans............. 71

TITRE III.

FONCTIONNEMENT DE LA STATION DE TOURISME.

Chapitre premier.

La Chambre d'industrie touristique.

Composition de la Chambre.. 75
Fonctionnement et attributions de la Chambre.................... 76

Chapitre II.

Perception de la taxe de séjour.

Opérations préalables d'ordre municipal.......................... 78
Perception par les logeurs.. 80
Dispositions spéciales aux locations particulières.................. 81
Service de collection.. 84
Contestations, fraudes, poursuites, pénalités...................... 85

Chapitre III.

Comptabilité du produit de la taxe.

Comptabilité communale.. 88
Comptabilité de la Chambre d'industrie touristique................. 90
Attributions du receveur municipal.................................. 90
Exemple d'un état de prévision des recettes et dépenses relatif à l'emploi de la taxe de séjour.. 91

Chapitre IV.

La taxe additionnelle et l'Office national du tourisme.

Taux et destination de la taxe additionnelle........................ 94
Attributions et fonctionnement de l'Office national du tourisme....... 94

TITRE IV.

TEXTES OFFICIELS (LOI, DÉCRETS, CIRCULAIRES, ETC.).

Loi du 24 septembre 1919.. 97
Décret du 4 mai 1920, modifié par les décrets des 30 mai 1923, 23 octobre 1924, 14 mars 1925, 29 juillet 1925 et 15 juin 1926.. 107
Circulaire du 20 juin 1922 (questionnaire d'hygiène)............... 136
Circulaire du 23 juin 1922 (subventions aux syndicats d'initiative sur le produit de la taxe de séjour)........................... 138

Circulaire du 16 novembre 1923 (application de la taxe de séjour).... 139
Circulaire du 24 février 1926 (registre unique).................. 147
Article 475, paragraphe 2, du Code Pénal........................ 148

Annexe (*en encartage*).

Tableau du produit annuel de la taxe de séjour dans les stations de tourisme, hydrominérales et climatiques.

www.ingramcontent.com/pod-product-compliance
Ingram Content Group UK Ltd.
Pitfield, Milton Keynes, MK11 3LW, UK
UKHW020605180726
13838UKWH00001B/429